Library of
Davidson College

BURT FRANKLIN: RESEARCH & SOURCE WORKS SERIES 899
Theater & Drama 25

DRAME ANCIEN

DRAME MODERNE

ÉMILE FAGUET

DRAME ANCIEN

DRAME MODERNE

BURT FRANKLIN
NEW YORK

809.2
F156d

Published by LENOX HILL Pub. & Dist. Co. (Burt Franklin)
235 East 44th St., New York, N.Y. 10017
Originally Published: 1924
Reprinted: 1971
Printed in the U.S.A.

S.B.N.: 8337-40938   72-5286
Library of Congress Card Catalog No.: 74-168695
Burt Franklin: Research and Source Works Series 899
Theater and Drama 25

Reprinted from the original edition in the University of
Pennsylvania, Library.

AVANT-PROPOS

De la nature de l'émotion dramatique.

Quelle est, en son fond, la nature de l'émotion dramatique?

La question n'est pas nouvelle et Saint-Marc-Girardin la posait jadis, après beaucoup d'autres, en tête de son *Cours de littérature dramatique*; et voici que l'estimable M. Herckenrath se la propose encore une fois à lui-même dans ses *Problèmes d'esthétique et de morale*. M. Herckenrath est un professeur du Lycée de Groningue et un homme qui ne laisse pas d'avoir des idées originales. Or il se demande, comme il a pu vous arriver de vous le demander à vous-mêmes :

« Le plaisir que nous procure la représentation

d'une tragédie ne paraît-il point au premier abord une jouissance barbare? Nous regardons la souffrance avec avidité, au lieu d'en détourner les yeux. Ce plaisir serait donc de même nature que celui que certains individus éprouvent à voir abattre un animal ou à assister à une rixe sanglante?... Comment en somme un homme peut-il prendre plaisir à la souffrance d'autrui? Et comment celui qui en est affecté péniblement et qui en pleure peut-il aimer cette émotion? »

I

C'est précisément à ces questions que répondait Saint-Marc-Girardin en disant : « Le fond de l'émotion dramatique c'est la sympathie de l'homme pour l'homme ». Nous allons au théâtre pour nous apitoyer sur les malheurs des hommes parce que nous les aimons; nous épousons leurs chagrins, leurs douleurs, leurs deuils et leurs désespoirs, etc.

Ceci, quoique ingénieux, ne m'a jamais bien

convaincu. *Rechercher*, notez ce point, car tout est là, *rechercher* le spectacle d'une douleur humaine pour s'apitoyer sur elle, ne me paraît pas d'un cœur extraordinairement sensible et éminemment philanthrope.

Rencontrer une misère humaine et la plaindre et surtout la secourir, et « la secourir, jusqu'à s'y associer », pour rappeler le mot charmant de Mérimée sur Nodier, oui, c'est ceci qui est d'un cœur bon. Mais *rechercher* une douleur humaine *dans le dessein* d'en être ému, et dans la conviction consolante, que, du reste, on n'aura point du tout à la secourir, je ne vois pas en quoi cela révèle sympathie de l'homme pour l'homme ; et je puis voir, je crains de voir en quoi cela indique le pur et simple instinct de férocité, adoucie, sans doute, par la civilisation lénéficatrice.

Et j'ai quelque tendance à ne me point trop irriter contre le bon M. Herckenrath, qui nous dit avec douceur : « Ce plaisir, réel, que l'on prend à voir la souffrance, me paraît résulter des dispositions cruelles engendrées dans la race par la guerre, autrefois nécessité et souvent état habituel des tribus et peuplades. La nécessité de se défendre et d'infliger des injures a fait naître le plaisir de les infliger... Chez le plus grand nombre, l'instinct féroce s'est affaibli; mais il en faut chercher les vestiges dans le goût des spectacles sanglants, courses de taureaux, combats de chiens, combats de coqs, chasse, ou des récits de scènes atroces. Un aliment lui est fourni chaque jour par les feuilletons ou les faits divers des journaux... »

Il me semble qu'il y a quelque raison dans le raisonnement de M. Herckenrath; d'où il suivrait que le fond de l'émotion dramatique n'est pas précisément la sympathie de l'homme pour l'homme, mais plutôt la férocité de l'homme à l'égard de son semblable.

Car, enfin, il faut bien remarquer que Saint-Marc Girardin négligeait, pour le simplifier, la moitié du problème. Il raisonnait sur la tragédie, ne voulant voir, du reste, dans le plaisir qu'on y éprouve, que le plaisir de pleurer sur les grandes infortunes, — et il laissait de côté absolument la comédie.

Or on ne dira pas que le plaisir qu'on éprouve à la comédie soit fondé sur la sympathie de l'homme pour l'homme. Il est trop évidemment fondé sur la malignité. Ce qui nous fait plaisir, à la comédie, c'est de nous moquer des sottises d'êtres semblables à nous. C'est évidemment un plaisir à base de férocité. Le médisant, le calomniateur, le taquin, le méchant et l'homme qui se plaît à la comédie, sont, doivent être rangés dans la même catégorie éthique. Ce sont de méchantes bêtes. Je le sais bien, puisque j'en suis. Ce sont, en leur fond, et avec des différences de degré de l'un à l'autre, de méchantes bêtes.

Eh bien, voilà la moitié du théâtre qui est fondé sur la malignité humaine. Croyez-vous que l'autre moitié fasse contraste avec celle-ci, et soit fondé sur un sentiment contraire?

Il se pourrait, certes, et, si je ne sais plus qui a dit très profondément que le monde est une comédie pour l'homme qui pense et une tragédie pour l'homme qui sent; il se pourrait que le monde, aussi, fût une comédie pour le méchant et une tragédie pour l'altruiste. Cependant examinons.

D'abord y a-t-il différence d'essence entre la comédie et la tragédie? Aucunement. Il y a une différence de degré. Les mêmes sujets sont comiques ou tragiques. Les mêmes sujets sont comiques *et* tragiques. Ils sont comiques tant que les passions mises en jeu et en spectacle devant nous semblent ne comporter que des conséquences peu graves ; ils deviennent tragiques quand nous commençons à nous apercevoir qu'elles comportent et annoncent des suites qui peuvent être terribles.

La Comédie et la Tragédie n'ont d'autre différence entre elles que la portée plus ou moins grande des effets que les passions qu'elles peignent sont supposées devoir produire.

Eh bien ! mais alors, c'est sur le même sentiment qu'elles sont fondées l'une et l'autre. A la comédie comme à la tragédie nous venons pour voir souffrir.

— Mais à la comédie pour voir souffrir légèrement, afin d'en rire ; à la tragédie pour voir souffrir horriblement, afin d'en pleurer.

— D'accord ; mais dans les deux cas rechercher ce plaisir n'est pas d'un cœur extrêmement philanthrope ; et si rire des malheurs humains confirme que nous venons à la comédie par méchanceté, en pleurer ne nous justifie pas entièrement d'être venu à la tragédie pour les savourer en spectacle. Il n'y a pas à sortir de ceci : rencontrer le malheur sans l'avoir cherché et en être ému, c'est être sensible ; chercher le spectacle du malheur, quand bien même c'est pour en pleurer, est une recherche dépravée, est un dilettantisme à base de barbarie.

« J'ai vu *Phèdre*. C'est bien triste. J'ai pleuré de tout mon cœur.

— Saviez-vous ce que c'était?

— Non.

— Saviez-vous ce que c'est qu'une tragédie?

— Non.

— *Absolvo te*. Vous êtes simplement un homme pitoyable.

— J'ai vu *Phèdre*. C'est bien triste. J'ai pleuré.

— Saviez-vous ce que c'était?

— Je savais que c'était un drame où une femme se tue par désespoir d'amour, et où un père assassine son fils par jalousie.

— Et vous avez été voir cela? Vous n'êtes pas bon.

— Mais j'ai pleuré !

— Cela ne vous excuse pas d'avoir été rechercher curieusement et à prix d'argent un pareil spectacle.

— Mais j'ai pleuré !

— Et vous avez pris plaisir à pleurer?

— Oui.

— Ce plaisir efface même ce qu'il pouvait y avoir de justificatif dans le fait d'avoir pleuré. Vous avez été chercher un plaisir dans le malheur d'autrui, et vous y avez trouvé du plaisir. Voilà tout ce qui reste au fond du creuset. Vous êtes méchant. Taine vous dirait que vous avez du *gorille féroce*. Il prétendait, vous savez, que l'homme est un descendant peu modifié du « gorille féroce et lubrique ». Le gorille lubrique, voilà pour la comédie; le gorille féroce, voilà pour le drame.

— Monsieur, vous êtes, vous, au moins féroce.

— J'exagère un peu; voilà tout. L'homme est un gorille exagérateur. »

Exagération à part, je suis dans le vrai. L'homme va chercher à la tragédie un plaisir qui naît pour l'homme du malheur de l'homme.

Aussi bien, voyez-vous au théâtre, quel qu'il soit, la peinture du bonheur? Jamais ! Comédie, Tragédie. Comédie : peinture des malheurs ridicules. Tragédie : peinture des malheurs terrifiants. Peinture du bonheur, où? Nulle part.

Si l'homme « curieux de spectacles, comme dit Bossuet, et qui s'en fait un de la peinture de ses erreurs », aimait le spectacle du bonheur humain, il aurait créé un genre dramatique consacré à la peinture du bonheur : ce genre dramatique n'existe pas. La conclusion s'impose.

On a dit, spirituellement : « Pourquoi toutes les comédies finissent-elles par un mariage? — Parce que, après, c'est la tragédie qui commence. »

Ce n'est pas mal; mais ce n'est pas complet. Ce qu'il faut dire, c'est que la comédie elle-même est peinture de malheur. Elle est, même quand elle n'est pas satirique, même quand elle est sentimentale, constituée par les petites infortunes de deux jeunes gens qui voudraient s'épouser et qui ne le peuvent pas. Dès qu'ils le peuvent, c'est fini. Oh! baissez le rideau. Ils vont être heureux; je m'en vais. Voilà qui n'a plus aucun intérêt pour moi.

Jamais un auteur dramatique n'a peint une lune de miel, si ce n'est au moment où elle commence de s'aigrir.

Non le spectacle du bonheur ne nous revient pas du tout, et à chacun de nous peut s'appliquer le vers de Destouches :

> Le bonheur du prochain nous cause de l'ennui,
> Et vous amaigrissez de l'embonpoint d'autrui.

Et au contraire le spectacle du malheur a pour nous des charmes inépuisables. Le théâtre, je l'ai montré, n'est que la peinture du malheur grand ou petit. Le roman n'est pas autre chose, avec la même répartition. Les femmes, qu'il faut toujours consulter pour savoir ce que c'est que l'homme, parce qu'elles sont plus *permanentes* que nous, parce qu'elles évoluent moins et moins vite, parce qu'elles sont plus rapprochées du primitif de l'humanité, parce qu'elles sont l'élément presque invariable de la race humaine, les femmes qui vont au cabinet de lecture demander un livre sans savoir lequel, finissent par dire toujours : « ... quelque chose pour faire pleurer ». Elles aiment à pleurer. Elles se réunissent pour cela Elles y arrivent très vite...

> Car qu'une femme pleure, une autre pleurera,
> Et toutes pleureront tant qu'il en surviendra.

Le théâtre, la littérature, la poésie, la conversation des femmes et des hommes sentimentaux, tout cela, c'est tout simplement la peinture des malheurs de l'humanité.

II

Cela explique certaines tendances toujours renaissantes en littérature et au théâtre et s'explique, réciproquement, par ces tendances. Périodiquement le théâtre essaye de *pousser jusqu'à l'horrible* la peinture des malheurs humains, obéissant à la loi *de plus en plus fort*, qui gouverne tout ce qui est exhibition. Récemment, chez nous, le *Théâtre-Libre* à ses débuts, voulant frapper vivement les imaginations par quelque chose d'un peu nouveau, prodiguait le spectacle des maladies, des blessures, des agonies. Si Saint-Sorlin eût été avec nous, il eût répété :

Les uns sont pulmoniques,
Les autres catharreux, les autres hydropiques.

Cela ne réussit pas un très long temps. Mais qu'est-ce à dire? Que nous ne voulons pas que l'émotion qui naît en nous du malheur des autres aille jusqu'à la crispation nerveuse. Car alors elle cesse d'être un plaisir. Voyez-vous bien? Nous voulons contempler le malheur jusqu'à ce qu'il nous fasse mal, exclusivement. En un mot nous voulons voir souffrir sans souffrir nous-mêmes. Et il me semble que ce n'est pas là de la « sympathie de l'homme pour l'homme ».

Un exemple curieux, cité par M. Herckenrath : « Dans une petite ville, au fond du Brabant hollandais, on représentait un drame sanglant. Plusieurs meurtres, successivement, étaient perpétrés. Après en avoir contemplé en silence deux ou trois, les bons bourgeois pacifiques ne peuvent plus se contenir. Ils montent en foule sur la scène et mettent fin au spectacle en criant : « C'est assez versé de sang! » Le fait m'a été conté par un témoin oculaire. »

Ces bons bourgeois, c'étaient, d'abord de très bonnes gens; ensuite des gens peu lettrés, c'est-à-dire peu habitués à ce plaisir que la littérature a pour office de tirer du malheur humain; enfin peu habitués au théâtre et par conséquent capables de l'*illusion dramatique*, comme les enfants, et croyant (presque) que les meurtres accomplis sur la scène étaient vrais.

Et, dès lors, c'était trop fort pour eux. Car l'homme aime la souffrance humaine *jusqu'à un certain point*. Il n'est point un sauvage. Il lui reste, seulement, de la sauvagerie. La dose de sauvagerie qui reste au cœur de l'homme, la dose juste, c'est précisément ce que le théâtre, tant comique que tragique, à chaque époque, doit bien connaître, — et c'est aussi ce qu'il marque. Nous trouvons Molière d'un comique un peu féroce, soit dans *Georges Dandin*, soit dans le cinquième acte du *Misanthrope*. Cela veut dire que nous avons une malignité un peu moins rude que celle de nos pères du XVIIe siècle. Le drame joué devant les bourgeois de la petite ville de Brabant dépassait leur mesure de férocité, comme les exhibitions pathologiques du *Théâtre-Libre* à ses débuts dépassait la nôtre.

Mais le fond des choses reste : il est que le théâtre exploite en nous la tendance que nous avons à trouver du plaisir, d'une façon ou d'une autre, avec rire ou avec larmes, dans le malheur d'autrui, sans souffrir nous-mêmes.

III

Mais est-ce tout? C'est le principal. J'y tiens. Je n'efface rien de ce qui précède. Seulement ce n'est pas tout. Il y a autre chose, d'un peu plus noble, d'un peu plus élevé, qui se mêle, ou plutôt se surajoute à tout ce que j'ai démêlé jusqu'à présent, et qui chez quelques-uns n'existe pas; chez beaucoup a une certaine importance, plus ou moins grande; chez quelques-uns, sans jamais, je crois, être le tout, est presque le principal.

Le malheur d'autrui fait rire, le malheur d'aurui fait pleurer, et dans les deux cas il fait plaisir. Sans doute; mais aussi, mais encore, mais à côté, si vous voulez, il fait réfléchir. — Eh bien, au plaisir malin que nous donne la comédie, au plaisir triste que nous donne la tragédie, à ces *mala gaudia mentis*, se mêle ou s'ajoute le plaisir de réfléchir sur les malheurs de l'humanité, de les voir, non comme *res fruenda oculis*, mais comme matière à pensées et à méditations ; et voilà tout un nouveau point de vue. Le plaisir que l'homme va prendre au théâtre, tant comique que tragique, dans la peinture du malheur d'autrui, est d'abord méchanceté ; — il est, de plus, goût de vérité ; — et il est encore goût de considérer les choses humaines d'une façon sérieuse.

Il est goût de vérité. Schopenhauer a soutenu toute sa vie qu'il n'y a de *réel* dans le monde que le malheur, par la raison suffisante que le malheur est incontestablement réel et que le plaisir n'est jamais que la satisfaction d'un besoin, lequel est une souffrance, d'où suit que le plaisir est négatif et que la souffrance seule est positive.

Je sais ce qu'on objecte à cette considération, que je regarde moi-même comme incomplète. Mais elle contient beaucoup de vrai. Elle est vraie en somme ; elle est presque une vérité de sens commun. Savez-vous bien, même, qu'après tout, elle ne laisse en dehors d'elle, elle ne *manque*, que les plaisirs esthétiques, lesquels ne sont pas, eux, la satisfaction d'un besoin, lesquels sont une jouissance qui n'a pas besoin d'une souffrance pour naître, sont un plaisir qui ne naît point d'une douleur, qui par conséquent, non seulement sont plaisir pur, mais plaisir positif.

Quant à toutes les autres voluptés, la théorie de Schopenhauer s'applique à elles parfaitement.

S'il en est ainsi, on la peut dire vraie, d'une vérité très générale.

Or je crois que les hommes, passé l'âge de quinze ans et demi, en ont le sentiment. Ils sentent que ce qu'il y a de réel dans le monde c'est le malheur; et que le reste, tantôt est illusion, tantôt n'est que besoin satisfait, c'est-à-dire relâche très court de la souffrance. Et dès lors, dans le domaine de l'art, ils ne repoussent point précisément la peinture du bonheur, puisqu'ils savent que le bonheur est vrai encore, d'une vérité relative et comme accidentelle; ils ne repoussent pas la peinture du bonheur; ils lisent très bien, non sans plaisir, le *Chant d'amour* de Lamartine; ils écoutent très bien, au théâtre, non sans plaisir, une idylle amoureuse; mais ils ne veulent pas que ces choses-là durent longtemps. Elles leur paraissent fausses, ou leur paraissent n'être pas assez vraies.

D'où vient qu'il suffit de dire du mal des

hommes, peut-être même des femmes, pour avoir l'air de les connaître? D'abord cela vient, de la malignité humaine, et nous y revenons; ensuite c'est parce que l'homme sait bien que, s'il est bon, encore plus il ne l'est point, et que si l'altruisme est vrai, l'égoïsme l'est encore plus. — De même peindre « en bonheur » l'humanité irrite un peu le lecteur, tout comme la peindre « en beau ». Il ne dit pas : « non! » Il ne se révolte pas. Il ne s'inscrit pas en faux. Mais il dit : « N'insistons pas ». A insister, on provoque un léger soupçon ou d'ingénuité ou de charlatanisme.

Il faut faire attention ici, parce qu'il y a beaucoup de nuances. L'homme s'irrite aussi contre ceux qui peignent le malheur d'une façon trop exclusive et avec trop d'acharnement. Il trouve cela aussi un peu faux, et il a raison. — Et puis, il soupçonne qu'on y met de la méchanceté et non pas seulement le souci du vrai : « Pour Dieu, monsieur, que nous soyons malheureux ou misérables, cela a l'air de vous faire bien du plaisir! » — Et encore il aime un peu de faux dans le sens optimiste, pour être un peu consolé. « Tu me flattes; mais continue » est un mot très humain;

et l'humanité l'a toujours dit à ses amuseurs :
« Mentez un peu, pour me consoler; mais non
pas trop ».

Mais, toutes ces réserves faites, qui étaient
nécessaires, l'humanité aime le vrai dans l'art, et
c'est pour cela qu'elle aime l'art triste, l'art triste
dans le véritable sens de ce mot, et j'ai assez
indiqué que la comédie est plus triste encore
que la tragédie. Elle aime dans l'art la réalité
présentée avec force; et l'art le plus idéaliste
n'est encore pas autre chose qu'une certaine
réalité présentée avec toute la force d'un génie
puissant.

Pour ces raisons, venant chercher au théâtre,
avant tout, la peinture de la vie, un théâtre optimiste lui paraîtrait un mensonge ou une puérilité,
et elle aurait très vite fait de le traiter de théâtre
scolaire.

Remarquez que je dis « théâtre optimiste », et
non pas « théâtre généreux ». Tous les publics du
monde ont été très sensibles au « pathétique
d'admiration ». Cela, c'est autre chose. Admirer
un héros, c'est-à-dire un bel exemplaire de l'humanité, sera toujours aux lecteurs de roman, aux

lecteurs de poèmes épiques, aux habitués du théâtre un plaisir extrêmement vif. C'est que ce n'est pas cela qui est faux. Rien, quoique rare, n'est plus vrai. L'homme sait bien qu'il a de bons instincts. L'homme sait bien qu'il est capable de courage et de magnanimité. Pour prendre un exemple, l'homme sait bien qu'il peut se vaincre, et qu'il y éprouve un plaisir indicible, le plus grand plaisir qu'il lui soit donné de goûter ici-bas.

Et savez-vous pourquoi? Après tout, je n'en sais rien; mais je le suppose. L'homme est un animal combatif. Il n'a conquis d'abord sa place sur la terre, puis la civilisation, qu'au prix de luttes épouvantables. Or, maintenant qu'il n'a plus de si terribles combats à livrer (par « maintenant », j'entends la période historique), l'instinct subsiste : l'homme a encore besoin de se battre. Dès lors il se bat contre lui-même, contre ses passions. Il éprouve des plaisirs infinis à les vaincre, à les dompter; et c'est encore l'ancien dompteur de bêtes féroces qui se retrouve là. — Ce plaisir est si vif, que, quelquefois, il livre ce combat pour rien, gratuitement, « pour le plaisir », parce que, précisément, c'est un plaisir. La manie de Corneille vieillissant de nous montrer des hommes exerçant leur volonté contre eux-mêmes, sans utilité, sans devoir à accomplir, et pour la seule volupté de l'exercer, est une exagération, mais n'est pas une absurdité. De tels hommes existent encore et ne sont pas surhumains; ils sont encore très bien dans la nature humaine. Les ascètes....

Les hommes acceptent donc très volontiers le théâtre généreux; mais non pas le théâtre optimiste, non pas le théâtre qui peint l'humanité comme heureuse; parce que ce théâtre n'est pas vrai. Et une bonne preuve, et que ce théâtre ne serait pas vrai, et que les hommes n'en veulent point, je l'ai donnée : c'est qu'il n'existe pas.

IV

J'ajoute enfin que, si les hommes ne veulent que le théâtre relativement triste, c'est que c'est le seul théâtre qui fasse réfléchir. Fût-il *vrai*, le théâtre optimiste serait creux.

Soit, l'humanité est heureuse et le théâtre la peint telle qu'elle est. Mais, alors, à quoi bon la peindre? À quoi, ici-bas, il faut réfléchir, pour y remédier, qui peut, c'est probablement à ce qui nous manque. Vous avez remarqué la locution populaire, très française : « Il n'y a rien à dire ». Cela signifie : « Tout va bien ». C'est qu'en effet il n'y a « rien à dire » quand tout va bien. Les peuples heureux n'ont pas d'histoire. C'est même pour cela que tous les peuples en ont une. Le bonheur n'a besoin ni d'être raconté, ni d'être décrit, ni d'être peint, ni d'être expliqué. Il ne fournit de matière à aucun chroniqueur ni dramatiste. Il est; et il se contente bien de seulement être.

Les gens heureux, car cet accident existe et je l'ai constaté, sont très intéressants à étudier, et un peu surprenants. Ils ne s'occupent guère de littérature, de philosophie, de morale, d'histoire, de sociologie; et ils sont un peu étonnés qu'on s'en occupe. C'est que toutes ces choses-là, en leur fond, soyez-en bien sûrs, ne sont que des formes de la recherche du bonheur. Or ils l'ont; ils sont un peu déconcertés que d'autres en soient à s'en enquérir. Or, voyez-vous la littérature prenant pour office de décrire et d'analyser ces gens-là?

D'abord on trouverait que ce serait se consacrer à la description de l'accidentel; ensuite on se demanderait, vaguement, inconsciemment, à quoi cela peut bien servir de peindre ceux qui ont trouvé et non ceux qui cherchent, ceux qui sont arrivés et non ceux qui marchent.

— A marquer le but!

— Sans doute; mais ce n'est pas le but qu'il faut peindre, cela ne sert à rien; mais la route qui y mène, cela sert à quelque chose; et les obstacles qui la traversent, c'est le plus important. Les obstacles qui la traversent : nos passions, nos erreurs, nos folies, nos hallucinations, nos vices, voilà pour la tragédie; nos sottises, nos travers, nos ridicules, nos sottises, voilà pour la comédie; c'est précisément cela qui nous intéresse; c'est précisément cela qui est matière à réflexion; c'est précisément cela qui fait un peu penser; et c'est précisément cela qui est matière de littérature et particulièrement de théâtre.

On n'y songe point précisément, parce qu'on

vient au théâtre pour s'amuser. On n'y vient que pour cela. C'est incontestable. Mais on se tromperait étrangement si l'on croyait, en entrant au théâtre, laisser à la porte l'être qui en nous pense, réfléchit, est préoccupé et anxieux relativement aux grands problèmes de l'humanité, et n'installer dans son fauteuil d'orchestre que l'être, en nous, qui veut s'amuser. On croit n'installer que celui-là, mais on installe en même temps tous les compagnons de lui-même qu'il peut avoir en nous.

C'est notre personne tout entière que nous amenons avec nous, et, sans que nous nous en doutions, sans que nous voulions, c'est notre personne tout entière que cet auteur, qui est derrière la toile du fond, a fait la gageure d'amuser. Il n'y réussira guère que s'il la prend et la retient à peu près tout entière ; et, tout en nous divertissant à des facéties, ou tout en nous laissant aller à des pleurnicheries sentimentales, nous ne serons vraiment pris, inconsciemment, il est vrai, mais nous ne serons vraiment pris, que si nous le sommes un peu à fond, un peu tout entiers, que si nous avons le vague sentiment que quelque chose de très sérieux s'agite derrière cette petite histoire quelconque.

Ce n'est pas pour une autre raison que nous sommes non seulement intéressés, mais saisis et maîtrisés quand on nous donne un *Polyeucte*, une *Athalie*, un *Roi Lear*, un *Othello*, un *Misanthrope*, un *Maître Guérin*, une *Visite de Noces*, un *Ami des Femmes*; et, pour mon compte, si je mets un *Mariage de Figaro* bien au-dessous de tout cela, c'est que, sans doute, à celui-ci, je m'amuse, mais ne sens nullement intervenir dans le spectateur qui est en moi l'homme tout entier qui est moi-même, ou, tout au moins, l'homme qui, en moi, s'intéresse aux destinées, au bonheur ou au malheur, aux misères et aux espoirs et aux efforts de mon espèce.

N'y ayant rien donc, ici-bas, de plus important que ce qui nous sépare du bonheur, n'y ayant rien de plus important ici-bas que la douleur, n'y ayant rien qui fasse plus profondément réfléchir que le spectacle des choses qui nous empêchent d'être heureux et de celles qui font que nous sommes misérables; quoi d'étonnant que tout le théâtre soit constitué d'une part par la peinture de nos sottises, d'autre part par la peinture de nos malheurs, et que, par ainsi, il soit tout entier fort triste, même quand il est gai en apparence, fort triste encore quand il l'est en le voulant être?

D'un mot, il est triste toutes les fois qu'il n'est pas superficiel, par la très bonne raison qu'a donnée Mme de Staël : « N'avez-vous donc jamais été jusqu'au fond de tout, c'est-à-dire jusqu'à la peine? »

Un peu de férocité ou de malignité; — un peu d'amour du vrai; — une préoccupation, invincible, même quand on s'essaye à la vaincre, des choses sérieuses : voilà ce que le spectateur apporte toujours au théâtre et ce qui force le théâtre tout entier, sauf éclaircies rapides, à être le tableau des misères humaines.

Il l'est pour être solide; il l'est pour être durable; il l'est pour être quelque chose. Pétrarque a dit :

Null' altro che pianto al mondo dura.

DRAME ANCIEN
DRAME MODERNE

CHAPITRE I

La tragédie et l'esprit classique français.

Je voudrais étudier dans ses traits généraux la tragédie française. Que doit-elle au Théâtre grec, dont elle tira ses origines, et par quoi s'en distingue-t-elle? En quoi diffère-t-elle du Théâtre des autres nations modernes? Et quels sont enfin ses caractères propres? La faveur singulière dont elle a joui chez nous fait l'intérêt de ces recherches.

Cette faveur a ses causes qui sont nombreuses et diverses. La première sans doute et qui frappe d'abord les yeux n'est autre que ce besoin général aussi bien que constant chez les Français de se rapprocher, de s'assembler pour goûter des plaisirs délicats. Notre sensibilité, qui semble être à la fois vive et un peu paresseuse à s'émouvoir, a besoin de ces sortes de jouissances artistiques qui sont pour être goûtées en commun. Nous ne prisons guère que ce que nous pouvons partager; le plaisir de savoir ne vaut pas pour nous celui de raconter; l'ivresse d'admirer commence pour nous au moment que nous faisons partager notre admiration à quelqu'un, qui nous la rend, en quelque sorte, avivée et multipliée de la sienne. De ces échanges naissent nos joies les plus vives et pleines, d'où il arrive que nous réunir est déjà, de soi, un plaisir pour nous, et que, faisant le propos de nous amuser, notre premier mouvement est de nous réunir. Le goût du théâtre nous est venu de là. Nous l'avons toujours eu à un degré très vif, tout autant au moyen âge que de nos jours, et plus peut-être qu'aucun peuple, si on en excepte les Grecs.

Le goût du spectacle fut la passion du moyen âge. Il y porta tous ses instincts divers, sa naïveté robuste et puissante, sa curiosité du merveilleux, son amour du grand en même temps que son ignorance de l'harmonie, et de ce mélange est née l'œuvre dramatique la plus considérable, la plus singulière et la plus impraticable aussi qui se soit vue. Elle reste au moins et comme un monument historique et comme un témoignage de ce goût naturel chez nous pour les plaisirs qui naissent du besoin de société et qui l'augmentent encore.

Mais ceci peut se dire et doit s'entendre de tous les genres artistiques qui supposent et exigent un public assemblé, et il est vrai, en effet, que tous ces genres ont été chez nous en grand honneur. L'éloquence de tout temps, et, en ce dernier siècle surtout, la musique, ont été, comme le théâtre, en possession de la faveur populaire. Sans sortir de ce qui est spectacle, la comédie, la pastorale, la féerie et le ballet ont été, depuis les temps les plus reculés de notre histoire, sous des noms divers, des amusements recherchés avec passion. Au milieu de ces jeux publics, la tragédie, de l'aveu de tous, a occupé comme une place d'honneur. C'est elle qui a excité le goût le plus vif et sollicité le plus fortement nos préoccupations littéraires. A cette faveur particulière il faut une explication spéciale qui est peut-être celle-ci.

Il convient de dire d'abord que de tous les genres artistiques qui supposent un public assemblé, le théâtre est celui qui émeut le plus vivement l'âme humaine, la touchant pour ainsi parler, d'un plein contact, et lui présentant immédiatement l'image de la vie; et que, de tous les genres qui se servent du spectacle, la comédie, le drame sérieux, si l'on veut, est celui, sans doute, qui est le plus élevé, le plus noble, le plus profond, la matière dont il est fait étant les misères humaines, et n'y ayant rien dans la vie qui soit plus important que la douleur. Il est donc naturel qu'en un peuple comme le nôtre, et le goût du spectacle ait été le plus vif, et le goût de la tragédie le plus relevé.

Il est une autre raison qui explique la fortune de la tragédie en France. Plus qu'aucun autre genre, elle a représenté l'esprit français classique. **Ceci** demande quelques développements.

I

L'art, sous ses différentes formes, est moins, comme on l'a trop dit, la peinture de la société qu'il n'en est l'âme et l'expression idéale. Il n'en révèle pas la réalité, il en découvre l'esprit. Or l'esprit des peuples comme celui des individus a son moment de pleine maturité, courte période, qu'un long enfantement précède, que suit une longue décadence. Il semble qu'une société, pendant de longs siècles, cherche sa forme et son ordre avec mille essais, mille tâtonnements et mille efforts; puis, un emps venu, qu'elle les trouve, s'y établit et s'y repose; puis enfin, que peu à peu déformée et privée de sa règle, elle marche machinalement d'une allure de plus en plus incertaine et affaiblie. — L'art est le reflet plus ou moins brillant de cette vie sociale plus ou moins forte et complète. Quand la société est comme en voie d'enfantement, l'art aussi se cherche et tâche maladroitement à se créer : on le voit alors plus robuste que beau, plus audacieux qu'élevé et plutôt démesuré que grand, inquiet en quelque manière et incertain de sa route, s'avancer plutôt par brusques et impétueuses saillies que d'un pas régulier et ferme.

Quand la société a trouvé sa forme arrêtée et son ordre, l'art s'arrête aussi en un point de maturité exquis, en une exacte et précise ordonnance, en une harmonie parfaite de l'effort et de l'effet, en une conscience si certaine de ce qu'il veut et ce qu'il peut, qu'une dignité calme en résulte, et une sérénité majestueuse.

Enfin, quand la société s'altère et se dérègle, gardant quelquefois sa forme, mais privée de l'esprit qui la faisait forte et vraiment vivante, l'art s'abaisse et se traîne, comme perdant son âme, s'égarant aux minuties indignes de lui, plat ou emphatique, fade ou fardé, joli ou monstrueux, petit ou énorme, se faisant érudit ou spirituel, trivialement utile ou orgueilleusement indifférent, toujours en dehors de soi-même, toujours faible, chétif, fiévreux.

Le siècle historique d'un grand peuple est le siècle où il a trouvé la forme la mieux accommodée à son naturel, — et le siècle classique d'une littérature n'est autre que le siècle historique de la nation dont cette littérature reflète l'esprit.

Il semblerait suivre de là qu'un peuple ne peut avoir qu'un siècle littéraire et qu'un siècle historique, celui où se place sa pleine maturité sociale précédant sa décadence. Rien n'est plus faux. S'il est vrai qu'un homme n'a qu'un temps, et bien court, d'âge viril et fécond, il n'en va pas de même des peuples. La raison en est que les hommes meurent. Les peuples ne meurent point, ils se transforment. D'une évolution plus ou moins rapide ou lente, régulière ou traversée, ils vont d'un état social à un autre différent, parfois contraire, et il arrive que l'histoire d'un seul peuple contient l'histoire de plusieurs sociétés. Il se peut ainsi qu'un peuple ait plusieurs enfantements, plusieurs maturités et plusieurs décadences; partant qu'un art national, d'une pareille marche, à travers périodes de formation et époques de sénilité, présente plusieurs siècles de pleine vigueur et de santé florissante.

Ces changements sont arrivés dans notre histoire avec leurs suites naturelles. Deux sociétés déjà ont développé chez nous leur entière évolution, et une troisième, à l'heure où nous sommes, sous nos yeux, péniblement s'essaye à être. La première est la société féodale, la seconde est la société monarchique, la troisième est la nôtre, informe, et à qui un nom précis manque encore. Chacune de ces sociétés a eu son temps de plein épanouissement, et à ce temps se rapporte un grand siècle artistique et littéraire, précédé de tous les efforts dont il est né, suivi de toutes les défaillances où il s'est éteint.

La société féodale a eu sa forme suprême au siècle de saint Louis, et en ce siècle aussi se découvre et éclate un art complet, d'une juste harmonie et d'un plein accord, présentant les mêmes caractères généraux dans les arts du dessin et dans les arts de la parole, et partout, en architecture, en peinture, en sculpture, en poésie lyrique, en poésie épique, en prose narrative, supérieur et à celui qui l'a précédé et à celui qui le doit suivre; un art à la fois original, complet, supérieur, ce qui est dire un art classique.

La société monarchique s'est formée douloureusement à travers les secousses et les misères du xvi⁰ siècle pour arriver avec Louis XIV à sa période de développement complet et harmonieux, et décliner ensuite, en une vieillesse tourmentée et ruineuse, jusqu'au terme qui lui était marqué; et nous voyons de même un art nouveau, expression de l'esprit d'une société nouvelle, se chercher au xvi⁰ siècle, se trouver et s'étaler en sa grandeur au xvii⁰, puis, à l'âge suivant, brillant encore, mais moins pur, de forme vieillie et de moins ample allure, aller s'affaiblissant, et signaler par sa décadence même l'approche et d'une autre Société et d'un autre art, qui doivent bientôt essayer avec effort leurs naissantes forces.

C'est l'esprit du xviie siècle que nous appelons proprement l'esprit classique français, à la fois parce que nous l'estimons plus voisin du parfait que l'esprit du xiiie siècle, et parce qu'il est plus proche de nous. Mais il ne faudrait pas oublier, quand on s'essaye à le définir, que cet art original, complet, supérieur, a été précédé dans notre histoire d'un autre art original complet et supérieur aussi, qui a dû laisser sa trace, ayant fait à son heure aussi l'éducation de la nation. L'esprit classique du xviie siècle s'est formé du fond premier dont s'était fait l'esprit classique du xiiie siècle, et d'un fond nouveau dû à la tradition antique recueillie par la Renaissance. Ou, pour en mieux parler : il est un fond commun, instincts, penchants, qualités et défauts primitifs de la race; animés de l'esprit de la société féodale, ces instincts ont pris une première direction et sont venus à un premier développement; animés plus tard du souffle nouveau de la tradition antique, ils ont pris une direction nouvelle et sont arrivés à un second développement tout autre. — Il convient donc, pour bien entendre l'esprit classique du xviie siècle, de prendre garde d'y démêler et le fond commun, primitif et permanent; et ce qui a pu rester, mêlé au fond primitif, de l'esprit du moyen âge; et enfin ce qu'a ajouté au fond primitif l'esprit grec et latin de la Renaissance.

II

Ce que j'appelle le fond primitif de l'esprit français me semble, osons le dire, fort peu artistique, à tout prendre, et fort peu littéraire; plus littéraire, si l'on veut, qu'artistique, mais assez dénué de poésie. L'artiste, le poète, est avant tout imagination et sensibilité. Notre race est plutôt raison déliée et bon sens pratique. Si l'on cherche l'esprit français où il est sans doute, dans les œuvres du moyen âge dues à l'inspiration populaire, deux choses frappent d'abord, l'absence d'enthousiasme et l'absence d'imagination. Fabliaux, poèmes satiriques, cela est clair, vif et sobre, non sans sécheresse. On sent un auteur qui semble avoir beaucoup à dire et qui le dit vite, rapide et alerte, courant au fait, soit qu'il raconte ou qu'il enseigne. Un grand critique moderne [1] a très bien remarqué en ces œuvres premières de notre génie national une « répugnance

1. M. Nisard

d'instinct pour tout ce qui n'est pas l'expression précise et générale soit d'un fait, soit d'un sentiment ». Au jongleur, au trouvère qui passe, ce peuple ne demande point ni une effusion lyrique ni une ample et vive peinture. Le rapsode antique l'étonnerait avec ses descriptions minutieuses qui ralentissent le récit, ses comparaisons larges et puissantes qui le suspendent, et ses digressions charmantes qui l'égarent. Ce qu'il veut c'est un récit clair, bien conduit et qui conclue; une leçon nette, facile à saisir et qui se retienne. Peuple de raison pratique, toujours plus préoccupé de savoir où il va qu'attentif à contempler ce qu'il rencontre en chemin.

La raison pratique suppose une première qualité, la clarté. C'est l'essence même de notre esprit national. Ce qui n'est pas clair n'est pas français, et par contre, chez nous, tout ce qui est clair est tenu pour vrai. C'est la qualité fondamentale et le défaut inhérent de la race.

La clarté suppose l'ordre, ou plutôt l'ordre n'est que la clarté dans la composition. Nous aimons pouvoir, d'une vue rapide, saisir l'ensemble du récit, du poème, du drame, de l'enseignement. L'ordonnance nous plaît et la symétrie nous ravit, parce que l'ordonnance est un guide, et la symétrie une série de points de repère. Chose remarquable, en une lecture, à une représentation, nous aimons prévoir, et notre plaisir est vif quand l'événement pressenti vient juste à point remplir notre attente. C'est qu'alors l'événement fait partie d'un plan bien tracé, visible à l'avance et bien suivi, et ce que nous applaudissons c'est l'heureuse précision de ce plan. Plaisir de géomètres plutôt que d'artistes, propre à un peuple moins épris de beauté que soucieux de logique.

La logique, en effet, n'est autre chose que l'ordre encore. C'est l'art de disposer nos idées en un arrangement tel qu'elles se prouvent, c'est-à-dire se soutiennent les unes les autres. La logique est instrument de vérité en ce que, pour les hommes, le vrai n'est qu'un ensemble d'idées non contradictoires et qui font système. La logique est donc ordre intime, comme la symétrie est logique superficielle en quelque sorte et de premier regard. Nous sommes amoureux de logique parce que nous sommes soucieux d'ordonnance, et du même instinct qui fait que nous trouvons vrai ce qui est clair, nous estimons beau ce qui est logique. Nous aimons la logique à sa place, c'est-à-dire dans l'argumentation, et nous sommes les plus grands raisonneurs qui soient au monde : nous l'aimons aussi hors de sa place propre, c'est-à-dire dans l'art. Nous sommes très enclins à vouloir qu'une œuvre d'art prouve quelque chose et porte avec elle sa leçon. La théorie de l'art pour l'art, c'est-à-dire de l'art pour le beau, nous est à peu près insupportable. Ce n'est point d'aujourd'hui. Le critique que je citais tout à l'heure dit, bien justement : « La vérité philosophique subordonnée à la vérité morale, la connaissance pour arriver au devoir, tel est le fond de l'esprit français. Une très petite part est faite à la pure curiosité, aux spéculations qui ne mènent pas à quelque vérité d'application. » — Il suit de là que nous apportons dans l'art des préoccupations de logiciens, et il n'est point d'œuvres qui nous plaisent autant que celles qui concluent. De l'aveu de tous, Bossuet et Voltaire représentent bien mieux l'esprit français que Montaigne ou Rabelais.

Clarté, ordre, logique, voilà les premiers traits. Ajoutons-y l'esprit et le mouvement.

L'esprit est qualité très voisine de celles qui précèdent. S'il n'en procède pas entièrement, il les suppose, et exclut leurs contraires. La Bruyère dit quelque part : « Depuis vingt années... on a mis dans le discours tout l'ordre et toute la netteté dont il est capable; cela conduit insensiblement à y mettre de l'esprit ». La remarque est d'une bien fine critique. L'esprit d'ordre et de clarté ne donne pas l'esprit, elle l'aide à naître. Chez une race mélancolique, rêveuse ou simplement méditative, en des esprits emportés d'une imagination puissante ou échauffés de passions fortes, il n'y a point ou peu de place pour la vive et piquante saillie d'une raison fine et moqueuse. En ces esprits français, clairs et nets, d'une sobriété agile et prompte, l'esprit naît comme de lui-même, l'esprit, ce bon sens aiguisé, cette pointe subtile de la raison. Ils se possèdent si bien qu'ils voient vite et juste; leurs idées précises, bien arrêtées, bien en place et comme à portée de la main, se rapprochent vite, le choc a lieu, l'étincelle jaillit. Cela sans passion, du jeu naturel d'une intelligence alerte, sans rien de cet *humour* de nos voisins, où l'on sent l'amertume d'une passion qui semble ne se contenir que pour doubler ses forces. — Cette qualité exquise de notre race est de tous les temps. De Joinville à Voltaire, on en suit sans interruption la trace brillante. Remarquons seulement qu'elle aussi ne laisse pas de révéler plutôt un peuple fin qu'un peuple artiste, plutôt la raison qui juge que le génie qui crée.

Le don du mouvement est le dernier trait général à remarquer. J'ai dit que ce peuple est d'esprit logique et aime à conclure. C'est presque dire qu'il est d'humeur impatiente et aime à voir la fin des choses. Le même tour d'esprit qui fait qu'on a hâte d'arriver à la conclusion d'un raisonnement, fait qu'on est pressé de venir au dénoûment d'un récit, et si, en choses de raisonnement, on estime la conclusion si importante, il est naturel qu'en choses narratives, on juge le dénoûment affaire capitale. — A vrai dire, la conséquence n'est pas forcée. Il y a un certain goût de la logique pour la beauté de la logique elle-même, qui est celui des rhéteurs grecs par exemple, qui ne suppose nullement ni le souci des conclusions, ni l'amour des dénoûments. Mais j'ai cru devoir faire remarquer que chez nous le goût de la logique n'était point si désintéressé. Ce n'est point pour admirer des démonstrations ingénieuses et élégantes que nous sommes logiciens. Ceci est encore trop artistique pour nous. C'est une sorte de scepticisme élevé et délicat. Or le scepticisme n'est pas français. Si nous aimons à raisonner, c'est bien avec une ferme confiance en l'efficacité de nos raisonnements, et avec le ferme propos d'arriver par eux « à quelque vérité d'application ».

Tout de même, en une fable, nous aimons un dénoûment, non pas tant encore par amour de l'ordre esthétique qui veut une fin quand il y a un commencement, que par véritable impatience et réelle démangeaison de connaître l'issue du labyrinthe où nous a mis l'auteur. De là une certaine allure vive et rapide, des qualités de mouvement et d'action que nous imposons à nos écrivains. Corneille parle quelque part de certains drames d'action lente dont « ne s'accomoderait point la vivacité de nos Français ». Cette vivacité nous en faisons une règle d'art, et notre préjugé en cela est si fort que nous voyons cette qualité chez ceux que, pour d'autres causes, nous admirons, alors qu'elle n'y est nullement. Boileau, parlant d'Homère, lui fait un mérite de ce qu'en ses poèmes

> Chaque vers, chaque mot court à l'événement.

Au siècle suivant, Lamotte le trouve trop long, et résolument l'abrège de moitié. Au fond, ils sont d'accord, et tous deux très Français. Pour le moment, bornons-nous à dire que ce qui résulte de cette disposition de nos esprits c'est un mouvement, un feu, un vif dans toutes nos compositions qui est comme notre marque nationale.

Clarté, ordre, logique, esprit, mouvement, le tout considéré comme faces diverses d'une faculté principale qui est la raison pratique, tel est, autant qu'il nous semble, le fond primitif de l'esprit français. On voit que nous l'estimons plutôt littéraire qu'artistique et plutôt didactique que littéraire. En soi, c'est un génie critique admirablement délié et fin, peu créateur. Si rien ne s'y était venu joindre, j'ose croire qu'il n'eût guère inspiré que des satiriques, des philosophes, des moralistes, des orateurs, des historiens. De vrais poètes, peu ou point, ni de romanciers puissants à la manière de Rabelais. Ni le lyrisme, ni l'épopée, ni même l'élégie profonde, émue, ne semblent d'origine française. Je suppose que l'esprit français, seul, aurait donné Villehardouin. Joinville, Jean de Meun, le Roman de Renart, les Fabliaux, Commines, Calvin, Henri IV, Descartes, La Rochefoucauld, La Bruyère, Montesquieu tels qu'ils sont ou à peu près; les chansons de gestes moins l'enthousiasme chevaleresque; les mystères moins la profondeur naïve du sentiment religieux, et plus tard Corneille et Bossuet moins la grandeur, Racine moins la passion, et La Fontaine moins la grâce.

III

A ce fond primitif est venu s'ajouter l'esprit du moyen âge, l'esprit de la société féodale qui a donné au xiiie siècle son complet épanouissement. Cet esprit est fait d'enthousiasme et de mysticisme. Le mysticisme nous est venu du grand mouvement chrétien se rencontrant avec le grand mouvement qui poussait sur nous et mêlait à nous les races énergiques et passionnées du Nord. L'enthousiasme nous est venu de ces races fortes rencontrant le christianisme, s'épurant à son contact, et, de violentes, devenant comme enflammées d'un feu divin. Ces deux instincts ont parentage étroit et communication constante. Le mysticisme est l'idée élevée et pure se mêlant et s'irritant de passion inquiète; l'enthousiasme c'est la passion s'éprenant d'une idée élevée et pure; le mysticisme est l'imagination passionnée; l'enthousiasme est la passion de l'idéal. — Or imagination et passion c'est ce qui manquait à l'esprit français, c'est ce que l'âme du moyen âge lui apportait. De là est né cet art tourmenté et hardi, au milieu de cette race calme et sobre; cette littérature des chansons de geste et des mystères, puissante, riche, aventureuse, curieuse du merveilleux et du passionné, au milieu de cette race **raisonnable, sensée et fine**.

Ne laissons pas de remarquer que cette éclosion, encore qu'admirable, fut incomplète et fut courte, et que, toujours, au-dessous, pour ainsi parler, du grand effort d'imagination et de sensibilité ardente, circula dans les genres proprement populaires, dans les fabliaux, dans les bibles, dans les farces, dans toute l'immense littérature satirique du moyen âge, cet esprit premier de raison critique, didactique et railleuse qui est pour nous le fond du Français. Le reste est d'importation, de très grande influence. sans doute, et de grand effet, et se mêlant aisément en somme à l'esprit proprement national, mais partie étrangère encore, rameau greffé, que la sève première, le temps venant, peut étouffer sous de nouvelles branches. — On en peut tirer déjà cette conclusion que tout développement chez nous de ces hautes parties de l'art, semble être une heureuse rencontre et comme un admirable accident.

IV

Après deux siècles environ de décadence et de retour au fond primitif, la Renaissance nous permit de l'enrichir grâce à l'étude de l'antiquité. L'antiquité apportait, sous d'autres formes et avec d'autres caractères, des qualités que le moyen âge avait connues; elle apportait son genre particulier de sensibilité et son genre particulier d'imagination. L'imagination antique, à la prendre en ses traits les plus généraux, est bien différente en effet de l'imagination du moyen âge. Elle est plus sobre à la fois et plus forte. La raison en est déjà donnée; elle est dans ce sentiment du Beau que les anciens portent partout. L'imagination est chez eux subordonnée au sentiment du Beau et contenue par lui, ce qui la fait plus sobre et discrète. Un grec ni un latin n'imagine pour imaginer, pour se laisser entraîner au mouvement impétueux et errant d'une création capricieuse : un idéal net et arrêté de beauté forme en son esprit comme une ligne précise et lumineuse qu'il ne dépassera point. Tout ce qui est en deçà est de manque, tout ce qui est au delà est de trop.

Cette certitude de l'imagination fait aussi sa force, en lui donnant comme une conscience assurée d'elle-même. Elle sait si bien ce qu'elle veut et où elle va, que rien d'inquiet ni de fiévreux ne paraît en elle, et qu'un grand caractère en résulte de sérénité et de puissance. « Qui se contient s'accroît », a dit justement un grand poète qui ne savait guère se contenir. De là dans l'imagination antique, ce net, ce précis, ce mesuré dans le puissant et cette simplicité forte qui ont fait dire ingénieusement à Schlegel que le génie statuaire préside à tous les arts antiques. Il y a en effet dans toutes les créations de leur esprit quelque chose à la fois d'arrêté et de solide qui rappelle le bas-relief.

Il faut dire des choses analogues de leur sensibilité. Elle aussi, et plus encore peut-être, est subordonnée à l'idée du Beau et contenue par elle. Ils adoucissent les sentiments trop forts pour conserver la beauté à leurs personnages et, où cette atténuation serait contraire à la vérité, ils s'abstiennent plutôt, et jettent un voile sur l'image du désespoir. « *En général* on peut affirmer que l'art avait banni toutes les passions violentes des monuments publics », dit Winkelmann ; et quelles fines et profondes remarques notre Saint-Marc Girardin faisait naguère sur ces légendes antiques, où l'on voit, à un certain degré de passion folle, éprouvée par un être humain, une prompte métamorphose sauver la noble créature de la laideur qu'entraîne l'emportement éperdu de la passion! Ainsi, par ce sentiment exquis et ce souci constant de beauté, tout se trouve comme épuré, apaisé et ramené aux proportions nobles. Telles étaient l'imagination et la sensibilité que les artistes anciens enseignaient au monde nouveau.

De plus, ces qualités d'*ordre*, de *logique*, de *clarté*, qui lui étaient propres, l'esprit français les reconnut chez les anciens : il lui parut qu'il *renaissait* en elles. Le mot de Renaissance peut très bien être pris en ce sens. De là le double caractère de la Renaissance en France. De ce qu'elle trouve dans l'antiquité, qui se découvre à elle, des qualités d'esprit qui furent celles de la France, elle est réaction ardente contre le moyen âge où ces qualités se sont trouvées recouvertes en quelque mesure et offusquées par d'autres instincts; de ce qu'elle rencontre dans l'antiquité des qualités, sensibilité, imagination, sens exquis du beau, étrangères en quelque mesure à l'esprit français primitif, elle est effort maladroit et mal mesuré pour y atteindre, et se guinde jusqu'à trébucher.

Si j'ai dit de l'esprit littéraire du XIIIe siècle qu'il a été une altération brillante et magnifique de notre génie propre, il me faut donc dire à cette heure que l'esprit littéraire de la Renaissance, qui devait aboutir à l'admirable éclosion du XVIIe siècle, a été à la fois application et altération de ce même génie, et, si j'ose dire, à la fois développement et déviation de l'esprit français.

Quoi qu'il en soit, tel était, à l'âge de la renaissance des lettres en France, l'état général de l'esprit français. Qualités primitives de la race toujours active, et quoi qu'on en eût, toujours destinées à prévaloir; — instincts adventices qu'avait apportés le moyen âge, très effacés par une invasion d'instincts nouveaux, mais devant reparaître encore et marquer çà et là leur trace, ayant produit tout un art et toute une littérature, et, partant, laissé leur empreinte; — enfin formes nouvelles de sentiment et de goût apportées par l'antiquité, combattant d'une part l'influence du moyen âge, d'autre part agissant sur l'esprit français primitif, et pour confirmer certaines de ses qualités et pour lui en donner d'autres, c'est-à-dire à la fois pour le fortifier et le transformer.

Ainsi se forma l'esprit français dont la tragédie est le plus illustre représentant : elle est vive comme lui; comme lui claire, ordonnée, logique.

Parlerai-je de la place que prennent dans le drame l'imagination et la sensibibité? Oui, pour faire remarquer que le genre d'imagination et le genre de sensibilité plus spécialement propres au drame historique sont précisément le genre d'imagination et le genre de sensibilité que l'antiquité nous a légués. Cette imagination et cette sensibilité contenues par l'idée du beau et subordonnées à cette idée conviennent aux grâces sévères de la tragédie, telle que nous l'avons de bonne heure conçue en France. Ni l'imagination vagabonde et rêveuse ne s'y accommode aisément, ni la passion désordonnée qui altère l'impression générale de sérénité que doit laisser l'œuvre d'art. Une conspiration de l'esprit d'ordre, de l'esprit de logique, du don de l'action, de la passion et de l'imagination dans le dessein de former un grand spectacle, voilà évidemment le but suprême, rarement atteint, toujours poursuivi ardemment, que s'est proposé notre tragédie.

Ajoutons que jusqu'à ses instincts, si peu français à notre avis, d'enthousiasme et de mysticisme, qui ont un caractère beaucoup plus archaïque que tout ce que nous a légué l'antiquité, n'ont pas laissé de montrer leur trace et d'avoir leur écho sur la scène française, et que telles tragédies de nos plus grands poètes dramatiques sont comme une dernière et sublime transformation de nos vieux mystères.

La tragédie a donc été notre genre classique par excellence, naissant quand l'esprit classique naît lui-même, élevé à son plus haut période au moment que l'esprit classique atteint son plus complet développement et prend pleinement possession de lui-même, décroissant et se dénaturant ensuite à mesure que l'esprit classique perd de son ascendant sur notre public. L'étude de la tragédie se confond avec celle de l'esprit français lui-même.

CHAPITRE II

Le théâtre et les arts.

Avant de déterminer le caractère général de la tragédie française, il nous faut voir ce qu'est en soi la Tragédie et quelle est sa place parmi les arts.

I

A regarder ses moyens d'exécution, l'art humain a trois branches principales. Il s'exprime par des formes, par des paroles, par des rythmes. Il y a donc les arts du dessin, les arts épiques, les arts rythmiques. Sous le nom général d'arts épiques on comprend le narratif sous toutes ses formes, l'oratoire sous toutes ses formes, et le lyrique sous toutes ses formes. Sous le nom d'arts rythmiques on comprend la musique et la danse.

Comme ils ont leurs moyens propres à chacun,

ces trois branches de l'art ont aussi chacune leur but particulier. Les arts du dessin c'est la forme rendue visible, les arts de la parole c'est la pensée rendue intelligible, les arts rythmiques c'est le mouvement rendu sensible.

En dehors et au-dessus de ces buts particuliers, tous les arts ont un but commun qui fait leur parentage, c'est la manifestation du beau, en sorte que reprenant la définition précédente nous dirons que les arts du dessin c'est le beau se manifestant aux yeux par des formes; les arts de la parole le beau se manifestant à la pensée par des mots; les arts rythmiques le beau se manifestant aux yeux et aux oreilles par des mouvements.

Ces différents arts trouvent leur limite dans leurs moyens d'exécution. Les arts du dessin, étant pour se produire au moyen de formes, languissent à vouloir exprimer des idées et des rythmes. Les arts de la parole, étant pour exprimer des idées par des mots, s'épuisent à vouloir donner la sensation d'un instrument de musique et se glacent à vouloir donner la sensation d'une peinture; les arts rythmiques se consumeraient en efforts avant d'avoir pu dessiner un paysage ou analyser une idée.

Quand les peintres veulent être philosophes, ils sont froids, parce que leurs moyens d'exécution, lignes et couleurs, ne sont plus que des signes d'une idée, autrement dit des mots, et des mots impuissants à rendre l'idée précise, des mots qui n'analysent pas. Ils font mal leur métier de philosophes ; et en même temps ils font mal leur métier de peintres, parce que leur tableau n'est plus qu'une allégorie.

Quand les poètes veulent être peintres, ils sont froids, parce que, comme les peintres tout à l'heure voulaient parler avec des couleurs, eux, poètes, veulent peindre avec des mots. Or le mot ne donne jamais la sensation de la forme, il n'en donne que l'idée. Ils font donc mal leur métier de peintres. Ils font mal aussi leur métier de poètes, parce que leur poésie ne fait plus penser.

Quand les musiciens veulent exprimer une idée, ils sont froids, leurs rythmes devenant des mots, et nécessairement des mots vagues ; et comme, tout à l'heure, le peintre voulant exprimer une idée risquait fort d'avoir besoin d'appeler à son secours une banderole portant une légende explicative ou une maxime inscrite sur un rocher du premier plan ; de même le musicien, voulant exprimer une pensée, aura vite besoin de mettre des paroles sur sa musique. « Par ce seul fait de s'empreindre d'une idée le son devient parole [1]. »

1. Hegel, *Système des Beaux-Arts*.

II

Cependant, s'il y a une distinction profonde à faire entre les arts, il n'y a pas séparation absolue. Tout en différant les uns des autres, les arts se pénètrent, en une certaine mesure, qu'il s'agit précisément de bien marquer; la limite vraie d'un art n'étant pas le point où il rencontre l'art voisin, mais la borne dans la voie d'empiétement qu'il ne saurait franchir sans s'altérer soi-même en son essence.

Je dis que les arts se pénètrent les uns les autres : il est très vrai en effet de dire qu'il y a des idées dans une peinture, de la couleur dans un récit épique, de la couleur locale (et partant une image) dans un morceau de musique. Mais remarquons que ce qui peut s'étaler en sa plénitude dans l'art qui lui est propre, ne peut être, en quelque sorte, qu'en germe dans l'art étranger.

S'agit-il par exemple d'une forme à exprimer, la sensation du désert, je suppose, à donner à l'es-

fugitif. La musique alors lui convient beaucoup mieux, précisément parce qu'elle ne l'exprime pas, mais la fait naître.

C'est donc légitimement que les arts empiètent les uns sur les autres. Ils se rendent ainsi de mutuels services : ce que l'un serait impuissant à exprimer, l'autre l'exprime aisément, et ce que l'un exprimerait trop, l'autre l'exprime autant qu'il faut.

La limite de l'empiétement légitime est facile à sentir, sinon à définir. L'artiste peut empiéter sur l'art qui n'est pas le sien jusqu'au moment où il y aurait, non plus empiétement, mais essai de substitution, jusqu'au moment où un certain art prétendrait faire l'office propre d'un autre et rendre cet autre utile. Le musicien pourra avoir des idées et les rendre, tant qu'il n'aura pas la prétention de les donner précises. Le peintre pourra vouloir inspirer une grande idée morale, et il y réussira, tant qu'il ne prétendra qu'à l'inspirer, sans se travailler à la définir. Le poète enfin pourra, et peindre, tant qu'il se bornera à évoquer l'image, sans songer à en donner la sensation, et chanter tant qu'il se bornera à donner comme le dessin de la mélodie, sans avoir la prétention d'en donner le corps, la pleine et riche sonorité, que les arts de la parole ne sauraient atteindre.

Telle est la limite. A la dépasser le péril est grand. Il y a ceci de très remarquable, qu'à trop empiéter sur l'art voisin, un art subit une véritable dégradation.

Tout le monde sait le décri où tombe une littérature, par exemple, lorsqu'elle met sa gloire soit dans les descriptions minutieuses et surabondantes, cherchant à rivaliser avec la peinture, soit dans de puériles combinaisons de rythmes compliqués ou d'harmonies imitatives, cherchant à rivaliser avec la musique. On juge quelquefois que, s'il en est ainsi de la littérature, c'est que la musique et la peinture sont des arts inférieurs à elle et qu'elle s'abaisse en les imitant. C'est une erreur. Il ne s'agit pas d'infériorité, il s'agit, si j'ose dire, de compétence. De même que la littérature s'abaisse quand elle veut devenir musique ou peinture, de même la peinture s'abaisse quand elle s'essaye à devenir littérature.

Faites servir la peinture à raconter une anecdote, et vous avez créé une nouvelle branche de l'art de peindre, la peinture de genre, que tout le le monde s'accorde à considérer comme inférieure. Vous n'avez fait pourtant qu'empiéter, étant peintre, sur le domaine propre de la littérature. Ce n'est pas à dire que la littérature soit inférieure à l'art de peindre. Elle est seulement autre chose.

Faites servir la musique à exprimer non plus les sentiments généraux de l'âme, les grands mouvements du cœur humain, mais à illustrer une anecdote spirituelle; vous avez créé un nouveau genre de musique, la musique d'opérette. Est-ce à dire que le conte ou le fabliau soit inférieur à la mélodie? Non : il est seulement de nature absolument différente.

Faites servir la danse, les mouvements réglés du corps humain à raconter une fable. Vous avez créé un genre nouveau de mimique, qui s'appelle la pantomime. Cela ne veut pas dire que raconter soit inférieur à danser, mais que danser est une chose, et que raconter en est une autre.

Je parle de la danse. Eh bien, voilà un genre, tout un genre, qui, non plus seulement dans ses applications maladroites, mais en lui-même, est tenu en moindre estime. C'est précisément parce qu'il n'a pas, à proprement parler, de domaine spécial, d'où il suit, que, par nature, il empiète toujours sur un autre, toujours plus impuissant, comme il est naturel, que celui sur qui il empiète. La danse est un art rythmique : elle exprime le beau par des mouvements. Mais, par une particularité très remarquable, c'est aux yeux qu'elle étale ces mouvements. Elle participe donc, et, par son essence, à l'art des rythmes, qui est proprement la musique, et, par sa forme extérieure, à l'art des formes, qui est la plastique. Elle rappelle toujours l'idée de l'une ou l'idée de l'autre, et, quelle que soit l'idée qu'elle rappelle, elle ne la remplit point. Ni la vivacité réglée et rythmique de ses pas ne donne la pleine sensation du mouvement que donne la musique; ils la rappellent sans a remplacer : ni l'ampleur, la correction et l'harmonie de ses poses et de ses groupes ne donnent la pleine sensation de la forme harmonieuse que donne la plastique; ils en éveillent l'idée sans la satisfaire.

Par ce seul fait que voilà un art qui est toujours dans le domaine d'un autre art, il est inférieur, parce qu'il est impuissant à remplacer ce qu'il imite.

Division des genres selon leurs moyens d'exécution; — limitation des genres par leurs moyens d'exécution ; — pénétration des genres les uns par les autres dans une certaine mesure ; — cette mesure dépassée, dégradation du genre qui empiète, par suite même de cet empiétement : voilà ce que je demande qu'on veuille bien retenir de ce qui précède.

III

Il y a un autre point de vue. Les objets d'art sont des phénomènes. Les phénomènes se manifestent sous l'empire de certaines conditions universelles qui sont l'espace et le temps. Les arts sont soumis aux mêmes conditions. Considérées par là, les mêmes trois grandes catégories d'arts dont je viens de parler ont entre elles des différences assez remarquables.

Vous regardez un tableau : ce qui frappe vos yeux c'est un ensemble dans l'espace [1]. Si c'est un paysage, vous voyez à la fois, d'un seul coup d'œil, les herbes vertes du premier plan, les grands rochers grisâtres du second, et les nuages blancs flottant dans le bleu, du troisième. Mais, d'autre part, restez quelques instants. Ces herbes ployées par le vent ne se redressent pas; le voyageur qui gravit ces rochers n'avance pas; ces nuages ne tra-

[1]. Cf. Lessing, *Laocoon*, III.

versent point le ciel. Peindre l'espace est donné à la peinture, exprimer la durée, qui ne se marque que par les changements, lui est refusé. Les arts plastiques immobilisent les formes, suspendent l'action. Ils ont un ensemble dans l'espace, ils n'ont qu'un point dans l'espace, ils n'ont qu'un point dans le temps [1].

Lisez un chant d'Homère. Le vieux Chrysès arrive près des vaisseaux des Achéens. Il porte en ses mains autour d'un bâton d'or les bandelettes d'Apollon... Il supplie les Atrides de lui rendre sa fille... Il s'en va, il marche silencieux le long du bord de la mer aux mille bruits, priant son Dieu... Apollon s'élance des cimes de l'Olympe. Sur ses épaules il a ses flèches et son carquois bien fermé; à chaque pas du Dieu irrité, les flèches sonnent sur son dos; il va sombre comme la nuit...

Vous avez lu quarante vers, et voilà trois tableaux. Ce n'est pas assez dire; car Chrysès arrivant, Chrysès s'en allant, Apollon survenant, sont des tableaux qui se décomposent encore. Chacun des gestes de ces personnages pourrait s'immobiliser en une attitude noble, ou humble, ou découragée, ou suppliante, ou indignée, ou menaçante, ou froi-

---

[1]. Cf. Lessing, *Laocoon*, III.

dement redoutable qui fournirait de matière à la peinture ou à la sculpture.

Nous sommes donc en présence d'un nouvel art, qui a, lui, le don de nous présenter des tableaux mouvants, changeants, qui se transforment, qui se renouvellent, et d'en faire un ensemble continu. Nous dirons de lui qu'il peut représenter un ensemble dans la durée.

Mais aussi remarquez que chacun de ses tableaux (prenons le plus simple, Apollon s'élançant de l'Olympe), il ne peut nous le composer que par traits successifs, ajoutant une ligne, puis une autre ligne, puis une couleur, et forcé de compter sur notre mémoire, pour refaire l'image en son ensemble.

Il exprime l'idée d'Apollon, et nous avons en l'esprit l'image d'un beau jeune homme, svelte, radieux, souriant sans doute et tranquille. — Il exprime l'idée de s'élancer : nous notons ce point, et nous nous mettons en l'esprit l'image du même jeune homme, mais le corps jeté en avant, un genou saillant, une jambe en arrière de la ligne du corps. — Il exprime l'idée des cimes de l'Olympe, et maintenant seulement, nous remémorant les traits précédents, les ajoutant à ce dernier, les combinant ensemble de manière qu'ils tombent d'accord, nous avons l'image complète. Cette image complète, d un regard instantané sur une toile nous l'aurions eue. Il en faut conclure que si ce nouvel art peut représenter un ensemble de la durée, il ne peut donner à la fois qu'un point dans l'espace.

Donc un ensemble dans l'espace, un point dans le temps, voilà pour les arts du dessin; une suite dans le temps, un point dans l'espace, voilà pour les arts de la parole.

Les arts rythmiques, — mais il faut en écarter pour le moment la danse, la raison en paraîtra plus tard, — les arts rythmiques ne sauraient se soustraire aux conditions de l'espace et du temps. Cependant ils ont ceci de bien remarquable qu'ils n'en rappellent l'idée et n'en supposent l'existence qu'aussi faiblement que possible. La musique donne l'idée du mouvement, mais en quelque sorte du mouvement pur, dégagé de l'espace où le mouvement s'exerce, et du temps que le mouvement mesure. Elle nous donne la sensation du mouvement idéal. Le mouvement idéal accommodé aux lois mystérieuses du rythme c'est la définition même de la musique. C'est pour cela justement que la musique est pour peindre les sentiments. Le sentiment en effet c'est un mouvement de l'âme. Les mouvements de l'âme sont, de tous les mouvements, ceux qui sont le plus près d'être en dehors du temps et de l'espace. D'où il suit qu'un mouvement de l'âme, quand il est beau, est un rythme. C'est ce qui fait de la musique le plus spirituel des arts et que « l'âme s'y saisit immédiatement dans sa nature intime [1] ».

Si nous avons dit de la plastique qu'elle n'a qu'un point dans le temps et qu'elle a un ensemble dans l'espace, de la parole qu'elle n'a qu'un point dans l'espace et un ensemble dans le temps; nous devrons donc dire de la musique qu'elle ne se place ni dans le temps ni dans l'espace, qu'elle ne peint ni ne raconte, ce qui revient à dire ce qui a déjà été dit, qu'elle n'analyse pas.

Ce caractère synthétique de la musique et ce caractère idéal lui sont à la fois un tel avantage et une telle gêne, qu'à la fois elle n'a besoin que de quelques notes pour faire jaillir de notre âme des flots de sentiments vagues, et que, pour donner une certaine précision à ces sentiments, elle a besoin d'appeler au secours un art voisin. C'est par la société qu'elle se donne d'un autre art qu'elle rentre vraiment sous les conditions de l'espace et du temps auxquelles, de sa nature, il semble qu'elle se puisse soustraire. Elle rentre dans le temps par la parole, et elle rentre dans l'espace par la danse.

1. Hegel, ouvrage cité.

Dès que la musique est parlée, nous pouvons suivre la succession des sentiments qu'elle exprime. Ces sentiments, flottant tout à l'heure comme dans un monde où rien n'est avant et rien n'est après, prennent maintenant leur ordre de marche et défilent devant nous les uns après les autres. La notion du temps a reparu distincte. La parole ajoutée à la musique, c'est la narration de la musique.

Dès que la musique est dansée, nous voyons s'étaler dans l'espace les mouvements qu'elle exprime. Ces mouvements, tout à l'heure seulement sentis, prennent corps et se mesurent des yeux. La musique est dessinée par la danse; la danse est la peinture de la musique.

On voit mieux peut-être que tout à l'heure que la musique est l'art qui est le plus en dehors de l'espace et du temps, et qui est le plus capable de jeter l'âme en dehors du temps et de l'espace. C'est la moins imparfaite expression de l'infini.

En résumé trois grandes formes de l'art.

L'une fait voir, l'autre fait penser, l'autre fait sentir.

L'une synthétise dans l'espace et analyse dans le temps; l'autre synthétise dans le temps et analyse dans l'espace; **l'autre synthétise hors de l'espace et du temps.**

Ces arts se limitent les uns les autres, mais non d'une manière absolue.

Ils peuvent en certaine mesure se pénétrer les uns les autres et se substituer les uns aux autres.

IV

Il en résulte qu'ils peuvent s'unir et qu'ils peuvent s'entr'aider. Si les limites qui les séparent étaient absolues et que l'un d'eux ne pût en aucune mesure remplir l'objet de l'autre, ils resteraient éternellement étrangers et indépendants les uns des autres.

Ce qui le prouve, c'est que cela est vrai en effet des arts placés aux extrémités opposées. De ce que la musique, comme le plus spirituel des arts, ne peut empiéter sur la scuplture et ne saurait donner l'idée d'une forme accusée, il s'ensuit que sculpture et musique n'ont point d'alliance à faire entre elles et ne peuvent se prêter un appui efficace. Mais de proche en proche, entre arts moins éloignés les uns des autres, la pénétration pouvant avoir lieu, l'union peut se faire et le concours a un but commun.

Prenons par exemple la musique : nous avons vu qu'elle s'allie tout naturellement à la danse. Ces deux arts se pénètrent mutuellement, partant peuvent s'unir. De deux arts distincts, voilà un nouvel art, complexe, qui naît.

Mais remarquons tout de suite une chose fort importante. Dès que deux arts s'unissent, il faut qu'il y en ait un qui prenne le pas devant et auquel l'autre se subordonne. Ceci est une condition nécessaire de l'art. L'art est unité. Il est en soi un effort pour ramener à une certaine espèce d'unité, harmonieuse et exquise, la diversité et le pêle-mêle apparent de la nature. Dès que deux arts s'unissent, il faut que, dans cette complexité, l'unité se retrouve encore. L'unité dans la complexité c'est la subordination. De deux arts unis, il y en aura donc un qui sera à la discrétion de l'autre et ne servira qu'aux desseins de celui-ci. Dans le présent exemple, la danse, qui est en soi une expression harmonieuse des belles lignes mouvantes et des beaux groupes mouvants, deviendra surtout une traduction de la musique en mouvements visibles. La musique aura confisqué à son profit les moyens d'action de la danse.

Il en ira de même de la musique unie à la parole. Il faudra que l'un des deux l'emporte très distinctement. Ce pourra être la parole. Dans un vaudeville mêlé de couplets par exemple, la musique n'est qu'un accessoire, la parole garde le premier rang :

nous sommes dans un ouvrage littéraire. L'unité est maintenue par la subordination. — Ce pourra être, ce sera le plus souvent la musique. Dans un véritable opéra la musique dominera sans qu'il puisse et sans qu'il doive y avoir incertitude dans l'esprit de l'auditeur. En ce cas, la musique obligera la parole à prendre le caractère de la musique, j'entends à n'exprimer que des idées et des sentiments très généraux. On voit quelle déviation la musique impose à la parole, en l'attirant à soi. D'instrument d'analyse elle la force à devenir presque l'expression d'une synthèse. C'est que la musique elle-même est synthèse, et qu'ici la parole, comme tout à l'heure la danse, est devenue une traduction de la musique. Comme tout à l'heure la danse traduisait la musique en mouvements visibles, maintenant la parole traduit la musique en idées claires, et n'a pas d'autre office.

A l'autre extrémité de l'échelle des arts, nous pouvons voir mêmes combinaisons. Sculpture et peinture chez les Grecs s'associaient, la peinture très subordonnée d'ailleurs à la sculpture, et ne servant qu'à échauffer et animer le froid, un peu trop austère, à leur gré, de leurs statues. Sculpture et architecture s'associent de même; mais ici, en sens inverse : c'est la sculpture qui devient l'accessoire et se subordonne à l'effet d'ensemble, à l'impression générale que le monument doit produire.

Ce sont là des associations de deux arts ensemble. Il y en a de plusieurs arts s'unissant pour concourir au même but. Nous avons vu la musique s'associant à la danse et la musique s'associant à la parole. Musique, danse et parole peuvent s'associer, et former un nouvel art plus complexe que tous ceux que nous avons considérés jusqu'ici.

Nous avons vu la sculpture s'associant à la peinture et la sculpture s'associant à l'architecture. Architecture, sculpture et peinture peuvent s'associer, et nous présenter un objet d'art plus complexe, plus riche et d'une plénitude plus achevée que tout ce que nous avons encore rencontré.

Mais ici la loi de l'union des arts se retrouve plus nette et s'impose plus que jamais, et, des trois arts, il faut qu'il y en ait un qui, d'une manière très distincte et tranchée, domine dans l'ensemble. Une cathédrale où statues au dehors, peintures au dedans, seraient multipliées au point de faire perdre à l'œil et oublier à l'esprit l'harmonie imposante ou la hardiesse gracieuse des lignes architecturales, serait un monument mal entendu. Il aurait l'air non d'une cathédrale, mais d'un musée.

On voit la possibilité de l'association des arts et

l'on voit la condition de cette union, la loi de cette société. — Remarquons une chose cependant, c'est qu'au point de vue nouveau où nous nous sommes placés, il semble qu'une nouvelle répartition des arts se soit faite à nos yeux, et qu'une nouvelle ligne. de démarcation se soit tracée. Plus haut nous divisions les arts en épiques, plastiques, rythmiques. Voici maintenant que, regardant les arts en tant que pouvant s'associer les uns aux autres, nous observons deux catégories qui paraissent bien tranchées. Ici tous les arts du dessin, qui s'unissent très bien entre eux, là tous les autres arts, qui eux aussi, entre eux, s'associent très facilement.

Et entre ces deux grands groupes y a-t-il trait d'union?

Peut-il exister un art, singulièrement complexe et souverainement synthétique, qui soit capable d'unir formes visibles, idées, mouvements rythmiques; le dessin, la parole, la mélodie; la ligne, le mot, la note; et nous présenter ainsi : la pensée avec sa forme matérielle et avec son mouvement; la forme sensible avec l'idée dont elle n'est souvent que le signe et avec le sentiment que souvent elle ne fait que traduire; le sentiment avec l'idée qu'il accompagne et le geste qu'il inspire; en un mot la vie tout entière sous toutes les formes par lesquelles elle se manifeste?

Certes, si cet art existe, il doit être l'expression la plus vaste de l'art humain, étant la peinture la plus complète de la vie.

Cet art existe. C'est l'art dramatique.

V

Examinons ce qu'est en soi l'art dramatique. Si la définition de l'art dramatique n'exclut aucune forme de l'art, nous serons appelés à nous demander s'il n'est pas capable de les embrasser toutes. La conséquence ne sera pas forcée; mais elle sera possible.

Le Théâtre est un art qui se propose de peindre la vie humaine, ayant pour moyen d'exécution des hommes vivant d'une vie d'emprunt devant d'autres hommes assemblés pour les voir.

Voilà le but, voilà les moyens. La définition de l'art dont il s'agit est faite.

Par son but l'art, ainsi défini, n'exclut aucune forme de l'art. Le but est la vie humaine. La vie humaine, à la considérer en elle-même, est, forme par le corps, idée par l'esprit, mouvement matériel par la vie, mouvement moral par le cœur. — Elle peut se présenter aux yeux, s'analyser et se faire comprendre par la parole à l'intelligence, frémir et vibrer de tous ses mouvements intimes à l'oreille par le son. — Considérée relativement à ses entours, elle a pour cortège naturel, pour cadre presque nécessaire, la nature, où sa destinée l'a jetée, les habitations qu'elle a faites à son usage et un peu à sa ressemblance. Arts du dessin, arts de la parole, arts du rythme, la peinture de la vie humaine n'exclut donc rien, et il semble déjà qu'elle réclame tout.

Par ses moyens d'exécution, l'art défini plus haut n'exclut aucune forme de l'art. Les moyens d'exécution sont des hommes mêmes, et non plus une matière ou un son. Pour représenter la vie, des hommes n'ont plus à leur service, comme la matière seulement des formes, comme le son seulement des paroles et des rythmes. Ils ont rythmes, paroles et formes tout ensemble. Ils peuvent se montrer, ils peuvent parler, ils peuvent chanter, ils peuvent danser.

Ajoutons que par cela seul qu'ils sont réalités vivantes et non images, il leur faut une atmosphère et des alentours. Par cela seul qu'ils sont, il faut qu'ils soient quelque part. Ce quelque part est une scène, cadre, qui devra être aussi vivant que possible, d'une peinture vivante, et qui partant, à son tour, comporte, sinon réclame, images de la nature, images des habitations humaines, c'est-à-dire peinture et architecture. Arts du rythme, arts de la parole, arts du dessin, le moyen d'exécution employé par l'art dramatique n'exclut donc rien, et il semble déjà qu'il ait besoin de tout.

Ainsi se trouve comblé l'abîme que nous voyions tout à l'heure entre les arts plastiques d'une part et les arts épiques et rythmiques de l'autre. La matière présentait un côté de la vie, et tous les arts qui employaient la matière s'associaient aisément. Le son présentait une autre partie de la vie, et tous les arts qui employaient le son s'accommodaient facilement ensemble. Mais entre les arts du son et les arts de la matière, l'on ne voyait pas d'association possible. — Pour que tout pût se combiner, arts de la matière et arts du son, il a fallu que l'homme, que l'artiste *se fît moyen d'exécution lui-même*, et alors le moyen d'exécution s'est prêté à toutes les formes de l'art, et l'art exprimant la vie tout entière a été trouvé.

VI

L'on peut prévoir que les conséquences sont nombreuses et importantes.

Nous avons remarqué d'abord, traitant de la répartition des arts, que, si les arts peuvent empiéter les uns sur les autres et se pénétrer les uns les autres, ce qui précisément leur permet de s'associer, encore est-il qu'à trop empiéter sur l'art voisin un art subit une sorte de dégradation et d'amoindrissement. De là une grande gêne pour l'art isolé et simple, n'ayant à son service qu'un moyen d'exécution. Il est toujours placé entre son désir naturel de tout exprimer, et la nécessité où les limites de ses moyens d'exécution le mettent de n'exprimer qu'une seule chose. Le peintre veut être moraliste et ne le peut être que dans de très étroites limites, et à trop vouloir l'être, il risque de devenir mauvais peintre, sans devenir moraliste exact. Le poète veut être peintre et ne le peut être que dans une mesure bien petite, et à trop vouloir l'être, il risque de devenir froid poète, sans devenir bon peintre. — Ainsi de suite.

L'art complexe qu'on appelle le Théâtre n'a point ces impuissances. De ce que les arts peuvent se pénétrer les uns les autres, il en profite pour les associer; mais il n'a aucun besoin qu'un des arts qu'il emploie empiète sur l'autre. L'objet qu'il ne pourrait pas exprimer ou qu'il exprimerait incomplètement avec un art, il l'exprimera avec un autre. Là où le poète, pour mettre ses personnages en leur cadre, écrirait une description de dix vers, toujours incomplète, toujours relativement incolore, l'art dramatique appellera la peinture à son aide. Là où le poète, pour exprimer l'allure plus ou moins rapide ou languissante d'un mouvement de l'âme, avait recours aux artifices les plus heureux, toujours impuissants, de sa rythmique, l'Art dramatique trouvera le puissant appui de la musique elle-même. Les arts garderont chez lui leurs limites et toutes leurs forces propres dans leurs limites. Ils ne paraîtront ni impuissants pour ne pas rendre tout, ni téméraires et dévoyés pour vouloir tout rendre.

Nous avons remarqué encore que, comparés aux arts du dessin, les arts de la parole avaient cette supériorité de pouvoir embrasser un ensemble dans la durée, et cette infériorité de ne pouvoir saisir l'espace que point par point; que, comparés aux arts de la parole, les arts du dessin avaient cette supériorité de pouvoir embrasser un ensemble dans l'espace, et cette infériorité de ne pouvoir donner qu'un point de la durée ; qu'enfin, comparée aux autres arts, la musique avait à la fois cette supériorité qu'elle se soustrait presque aux conditions de l'espace et du temps et cette infériorité que, ni elle ne raconte l'un, ni elle ne peint l'autre.

L'Art dramatique, lui, aura tous les avantages de ces différents arts et n'aura aucun de leurs inconvénients. Pouvant à la fois peindre et raconter, si la peinture a un ensemble dans l'espace et la parole un ensemble dans le temps, l'Art dramatique aura à la fois un ensemble dans le temps et un ensemble dans l'espace. Il pourra présenter et aux yeux des tableaux qui se renouvellent et à la pensée une action vue d'ensemble dans l'espace. Apollon sera vu d'un seul coup d'œil, d'une sensation unique, s'élançant des cimes de l'Olympe ; effet que, seule, la peinture pouvait produire. Mais Apollon sera vu aussi dans tous ses mouvements successifs, marchant, s'arrêtant, tendant son arc sans sortir du cadre, effet que, seule, la parole pouvait atteindre.

Enfin ce qui en nous ne peut être, ne veut être ni trop exactement marqué à une place dans l'espace, le mouvement de l'âme à la fois puissant et vague, qui doit être senti, et qui ne doit pas être précisé, l'Art dramatique aura la musique pour le faire sentir à la fois dans tout ce qu'il a de profond et dans tout ce qu'il a d'indéterminé. Par exemple, en un moment où les groupes, les attitudes et les gestes des personnages en scène marquent une situation difficile et pénible, où les paroles prononcées par les personnages expriment une pensée douloureuse, la musique pourra indiquer un sentiment tumultueux et violent de colère et de révolte qui gronde déjà dans les profondeurs des âmes, mais qui ne s'est pas encore précisé en une pensée, et qui, partant, n'est pas encore venu jusqu'aux lèvres.

Il n'est donc pas contraire à la définition de l'Art dramatique (car c'est tout ce que je veux prouver jusqu'à présent) que cet art touche à tous les autres et les embrasse tous. Il n'est pas contraire à la définition de l'Art dramatique qu'il synthétise dans l'espace comme la peinture, qu'il synthétise dans le temps comme la parole, qu'il synthétise hors du temps et de l'espace comme la musique; qu'il unisse tous les arts, sans avoir besoin qu'ils empiètent les uns sur les autres, et par suite en laissant à chacun d'eux toute sa force et toute sa dignité, en une vaste, puissante et harmonieuse synthèse où la vie entière et l'art tout entier se trouvent embrassés.

VII

Ceci soit dit pour ce qui est de l'association des arts au sein de l'art complexe qui est le théâtre.

Mais nous avons vu qu'en tout art complexe, l'important n'est pas d'associer les arts; mais de les subordonner tous à un principal, pour satisfaire à la loi suprême de l'art, l'unité. Ici la difficulté devient grande en raison de la complexité du nouvel art que nous considérons.

En effet, si un art simple et isolé est gêné par son impuissance, un art complexe est gêné à son tour par la multiplicité de ses moyens d'exécution; et, à mesure que l'art devient plus complexe, ce qu'il gagne en liberté, le péril est grand qu'il le perde en unité. Il importe donc à l'art dramatique, plus qu'à tout autre, de bien savoir, de tous les arts qu'il peut appeler à son service, quel est celui qui devra être comme le chef de chœur de tous les autres.

Il est évident qu'au Théâtre l'art central, si je

puis dire, sera celui qui, fût-il seul, remplirait déjà, d'une manière incomplète sans doute, mais d'une manière suffisante, le dessein que le Théâtre se propose. Or, quel est le dessein du Théâtre? Nous avons dit que c'est de peindre la vie humaine. Or qu'est-ce que la vie humaine? — Ce sont des actions. L'homme est un être qui agit, qui prend conscience de lui-même dans l'acte. — Est-ce bien vrai? L'action est-elle le fond de la vie humaine? N'est-il pas vrai plutôt de dire qu'elle en est l'expression dernière, le résultat final, la conséquence visible? Que l'homme vit dans ses sentiments, dans ses pensées, dans ses croyances, dans ses préjugés, dans ses passions, dans ses désirs, dans ses ambitions, dans ses joies et dans ses tristesses, pour tout dire, en un mot, dans ses mœurs; que c'est là le fond de l'homme, et que l'acte n'est que la suite de tout cela? Que, par conséquent, le fond de la vie humaine c'est les mœurs, dont les actions ne sont que le signe?

— Mais si l'action est le signe des mœurs, étant question d'art, c'est-à-dire d'imitation et de peinture, le signe seul importe, et nous voilà revenus à dire, qu'au point de vue du théâtre, l'action est le fond de la vie humaine. — Oui, si les mœurs n'avaient pas d'autre signe, pas d'autres moyens d'expression que les actes. Mais, précisément parce que nous sommes au Théâtre où tous les autres moyens d'expression sont à notre disposition, où nous avons cet autre signe des mœurs qui est les paroles, cet autre signe des mœurs qui est les gestes et les attitudes, cet autre signe des mœurs qui est la mélopée ; nous pouvons dire que si le fond de la vie humaine est les mœurs humaines, le but du Théâtre est de peindre les mœurs ; et que si le but du Théâtre est de peindre les mœurs, l'art plus spécialement propre à peindre les mœurs doit sans doute être un art littéraire.

Tout ce que nous avons remarqué jusqu'à présent va le prouver. Les mœurs sont manières de penser et manières de sentir. Pour en démêler la trame infiniment délicate et subtile, il faut, avant tout, un exact et précis instrument d'analyse. Cet instrument est la parole. Le mot, net, clair, riche de sens, c'est le pinceau du moraliste. L'art dramatique sera donc, avant tout, un art littéraire.

Autour de cet art viendront se grouper tous les autres, mais avec le caractère de subordonnés, et l'habileté sera de leur garder soigneusement ce caractère, et le péril sera de les laisser en prendre un autre.

Dès que la peinture, forte et précise, des mœurs sera couverte et offusquée par l'expression générale des sentiments vagues, c'est-à-dire par la musique, l'art dramatique deviendra art musical et au lieu d'être dans le drame, nous serons dans l'opéra. Dès que la peinture des mœurs sera reléguée dans l'ombre par l'expression des formes matérielles, la disposition harmonieuse des poses et des groupes, la peinture trop complaisante des beautés naturelles, l'art dramatique deviendra art plastique, et nous serons, non plus dans le drame, mais dans un genre particulier du spectacle, la féerie par exemple.

Nous dirons donc que l'art dramatique est un art littéraire, ayant pour but de peindre la vie humaine, qui peut appeler à lui, comme auxiliaires, tous les autres arts pour compléter cette peinture.

CHAPITRE III

Le drame grec.

Nous avons montré ce que, de par sa définition, l'art dramatique peut être; nous n'avons pas dit qu'il soit, ni qu'à aucun moment il eût été cela. On le comprend très facilement. Le Théâtre pouvant appeler à son service toutes les sortes d'art, aurait besoin, pour s'étaler en sa plénitude, d'un moment exquis dans l'histoire de la civilisation, où tous les arts seraient parvenus à leur degré de perfection. Il est donc probable qu'à prendre les choses non plus théoriquement, mais dans la réalité même, nous ne trouverons ni aucun pays ni aucun temps où l'art dramatique ait été ce que nous avons dit que, de soi, il pouvait être.

I

Et cependant, chose assez remarquable, c'est chez les Grecs où l'art du décor semble avoir été assez primitif, et où la musique était loin de son dernier degré de développement, que l'art dramatique a été plus qu'ailleurs une harmonieuse union de tous les arts, subordonnés à la poésie, dans le dessein de peindre la vie humaine.

L'art dramatique, chez les Grecs, est à la fois art plastique, art épique, art rythmique.

La musique y a toujours été intimement unie à la parole. La tragédie grecque a commencé par être un récit épique chanté et dansé, le dithyrambe. Elle est toujours restée mêlée de chants et d'évolutions rythmiques. Le rythme a toujours été pour elle comme un auxiliaire tenu pour indispensable. Musique imparfaite, sans doute, et qui devait l'être, qui ne pouvait être qu'une sorte d'accompagnement aux paroles, et peu envahissant, puisque les parties de la tragédie les plus propres par leur caractère à s'unir avec la musique, j'entends les chœurs, sont en même temps les plus soignés de style, et les plus difficiles à bien entendre, et partant, ne devaient pas être couvertes par une musique trop fournie et trop riche. Toujours est-il que la seule présence de la mélopée donne à la tragédie grecque un caractère tout particulier, que cet accompagnement musical, elle l'a toujours gardé, et, qu'écrivant en un temps bien éloigné du primitif dithyrambe, bien éloigné encore de l'âge classique de la tragédie grecque, Aristote ne manque pas de donner la mélopée comme l'une des six parties constitutives et nécessaires de toute tragédie.

Plastique, la tragédie grecque l'est au plus haut point, et c'est devenu une banalité que de le signaler. « La grande longueur du Théâtre et son peu de profondeur, dit Schlegel[1], donnaient à la réunion des figures qui s'y développaient sur une même ligne, l'ordonnance simple et distincte d'un bas-relief... Les gestes accompagnaient le rythme et la déclamation, et on cherchait à leur donner le plus haut degré de noblesse et de grâce. » — Patin a fait avec beaucoup d'insistance et beaucoup de bonheur la

---

1. *Cours de littérature dramatique,* 3ᵉ leçon.

même remarque : « A la puissance de la poésie vient s'unir celle des autres arts. L'architecture construit ces immenses édifices où se presse une immense multitude ; la statuaire et la peinture décorent la scène tragique ; la musique règle les mouvements cadencés, les évolutions régulières du chœur, et prête son appui à la mélodie du vers... Sans doute ces personnages héroïques qui se montraient sur la scène n'offraient point un contraste trop choquant avec les belles représentations de la nature que produisait dans le même temps le ciseau des artistes... Si on lit avec attention les ouvrages des tragiques grecs on ne pourra manquer de s'apercevoir que tout y était calculé pour le plaisir des yeux : chaque scène était un groupe, un tableau, qui, attachant les regards, s'expliquait presque de lui-même à l'esprit sans le secours de la parole [1]. »

On voit à quel point, chez ce peuple amoureux de toutes les formes de l'art, l'art dramatique avait emprunté aux autres arts ce qu'ils pouvaient lui donner de secours. Quelque goût de la simplicité qu'eussent les Grecs, et quelque soucieux qu'ils aient toujours été de produire de grands effets par les moyens les plus aisés et les plus unis, ils avaient

1. Tragiques grecs — **Eschyle.**

compris la complexité naturelle en quelque sorte et nécessaire de l'art dramatique, ils n'avaient nullement songé à la mutiler ou à la réduire, ils lui avaient laissé tout ce qu'il comporte, et l'avaient présenté dans toute la plénitude de son riche et puissant organisme.

II

Si la tragédie grecque aime appeler à elle les arts autres que ceux de la parole, nous ne nous étonnerons pas de la voir unir en son sein les arts de la parole, quelque éloignés qu'ils puissent paraître les uns des autres. En effet considérée uniquement comme genre littéraire, la tragédie grecque est encore aussi synthétique que possible.

La pire erreur où l'on pût tomber à l'endroit du drame qu'on jouait à Athènes serait de le prendre pour une tragédie au sens français de ce mot. La tragédie grecque, telle que nous la pouvons lire, même dépouillée et du spectacle qui l'encadrait et de la mélopée qui la soutenait, est une œuvre partie dramatique, partie épique, partie lyrique. Le drame *y tient une place*, et qui n'est pas toujours la plus considérable, voilà tout ce qu'on peut en dire.

Ce qui frappe le plus le Français familier avec son Théâtre national, quand il se trouve en présence d'une tragédie grecque, c'est le manque d'action, et, selon son humeur, il décide que la tragédie grecque est l'enfance de l'art, ou il s'efforce de trouver, bon gré, mal gré, des qualités de mouvement ou d'action dans la tragédie grecque, ou il se contente de s'ennuyer.

Quand il pénètre plus avant, il arrive à se convaincre qu'une tragédie grecque n'est pas une tragédie française, ce dont il aurait pu s'aviser par avance; qu'elle a son genre particulier de beauté qui n'est pas celui de la nôtre, et qu'il ne faut pas juger avec les mêmes règles. Il s'aperçoit qu'elle n'est pas une intrigue bien nouée et adroitement déliée, une succession rapide de scènes exactement enchaînées les unes aux autres; qu'elle est un beau poème, un bel épisode épique, à l'allure majestueuse et lente, ralenti encore par de magnifiques développements, parfaitement inutiles à l'action, de poésie lyrique ; le tout présenté sur la scène, partant ayant la forme d'un « drame », mais, bien souvent, n'en ayant rien que la forme.

Les Grecs sont aussi peu soucieux que possible, même au Théâtre, d'aller vite au but. Ce n'est pas eux qui trouveraient trop long le récit de Théramène. Si le récit est beau, pour eux, il est toujours trop court. C'est à l'action d'attendre. Leurs narrations sont immenses, d'une richesse de détails pittoresques incomparable, j'entends même les narrations inutiles. Le gouverneur vient annoncer à Clytemnestre la mort d'Oreste. Notez qu'Oreste est vivant, que le spectateur le sait, et ne s'intéressera pas, ce semble, à un récit qu'il sait mensonger. Notez encore que c'est perdre du temps, qu'Oreste conspirateur, assassin déguisé qui rôde aux alentours, d'un moment à l'autre, peut être découvert, qu'Egisthe peut survenir. Rien n'est plus inutile et plus dangereux ici qu'une longue narration. Mais une longue narration de courses de chars est chose autrement intéressante que toutes les considérations précédentes et la longue narration aura lieu.

Souvent on trouve dans les tragédies grecques deux narrations successives du même fait, faute d'écolier si l'on juge au point de vue exclusivement dramatique. Les fureurs d'Ajax sont racontées deux fois, l'une par le chœur, l'autre par Tecmesse, dans les *Trachiniennes*. Déjanire commence dans une scène dialoguée à indiquer l'oracle redoutable sous les auspices duquel Hercule est parti; devant le chœur, elle revient sur cet oracle et le développe

J'ai relu tout Sophocle en me plaçant au point de vue qui nous occupe. Je n'ai pas trouvé une pièce qui n'eût ce que nous appellerions dans une tragédie française des scènes de remplissage, bien entendu sans parler des chœurs. *Philoctète* seul fait peut-être exception. *Œdipe-Roi* est considéré par tous comme la pièce grecque où l'action est la plus serrée. Il s'y trouve pourtant une bien grande scène absolument inutile à l'action, c'est celle du complot attribué par Œdipe à Créon et la discussion qui en résulte. Invention « invraisemblable et extravagante », dit Voltaire, « incident qui ne produit rien », dit La Harpe. « Peinture de caractère », dit Patin. Il a raison. Mais cela prouve que les Grecs attachent beaucoup plus d'importance à la peinture complète du caractère qu'à la continuité de l'action.

La vérité est qu'ils aiment à causer, à discuter, à bien décrire, à bien peindre, et ne sont jamais pressés de conclure. Il y a mille beaux détours aussi bien dans une tragédie de Sophocle que dans un dialogue de Platon. Comme dit excellemment Patin : « Les Grecs prennent le plus long... Le dirais-je? Ils aiment à causer ; et dans ces moments de repos où le drame semble sommeiller, ils ne craignent pas que la contagion gagne le spectateur. C'est que cette nation aime la parole... »

Tâchons de dire mieux, c'est qu'elle aime le Beau pour le Beau. Leur insouciance est telle de l'intérêt dramatique proprement dit, qu'ils ont des drames

qui n'ont pas même l'action lente et abandonnée
du poème épique, qui n'inspirent que cette sorte
d'intérêt qu'on peut appeler contemplatif. Saint-
Marc Girardin a très bien dit des *Troyennes* d'Euripide que c'est plutôt « un tableau tragique qu'un
drame ».

La définition est excellente. Mais il faut l'appliquer
à Eschyle, et à Eschyle tout entier. Il ne nous
présente guère que ce que La Harpe, parlant de la
mort d'Hercule dans les *Trachiniennes*, appelle des
« situations passives »; « l'action, dit franchement
Patin, s'y réduit à une exposition et à un dénoûment », ce qui revient à dire que le drame proprement
dit n'y existe pas. *Les sept chefs devant Thèbes* se
composent d'une description de sept cents vers et
d'une narration de trente vers. Ce que nous appellerions le drame y commence après ce que nous
appellerions le dénoûment; c'est la discussion entre
Antigone et Ismène et entre Antigone et le Héraut
après la mort des deux princes.

Ce n'est peut-être pas forcer le sens des termes
que de dire que *Prométhée enchaîné* a plutôt une
beauté sculpturale qu'une beauté dramatique. —
Notez qu'Eschyle a balancé le crédit de Sophocle
dans l'opinion du public athénien, qu'il est du même
temps, lui a disputé la couronne au concours et

quelquefois la lui a enlevée ; qu'il a survécu dans l'admiration publique et à Sophocle et à Euripide ; qu'Aristote trouve sa gloire si fermement assise, que, ne pouvant faire entrer dans ses théories le système dramatique du vieux poète, il crée pour lui une classification, et distingue les tragédies simples des tragédies implexes, c'est-à-dire les tragédies où il y a une action de celles où il n'y en a pas.

Au reste ce n'est pas Eschyle seulement qui nous montre des drames à « situations passives ». J'ai cité les *Troyennes* d'Euripide ; *Œdipe à Colone*, cette merveille poétique, est à peine une tragédie. C'est plutôt un dénoûment. Figurez-vous un drame shakespearien, d'un développement immense, qui nous aura déroulé devant les yeux la sombre et horrible histoire du roi incestueux et parricide, et qui, après nous avoir montré cette âme altière coup sur coup frappée et terrassée par le sort, poussée jusqu'à la folie, jusqu'au suicide presque ; tout à la fin, en un dernier acte, nous la montre purifiée par le malheur, relevée par l'expiation, lumineuse, sereine, interprète de l'éternelle justice, prête à rentrer au sein des dieux, et sanctifiant les lieux qu'elle a habités derniers sur la terre : ce dernier acte c'est *Œdipe à Colone*. Une scène, plutôt qu'un drame, un tableau, plutôt qu'un événement. Mais la scène est grande, le tableau est d'une beauté artistique et morale que rien ne surpasse. Il n'en faut pas plus aux Athéniens.

La grande raison de tout cela c'est qu'ils ne connaissent nullement l'*intérêt de curiosité*. Ils ne viennent pas au théâtre pour avoir le plaisir, une situation étant donnée, de se demander et d'apprendre ce qui en arrive. Leur indifférence est étonnante à cet endroit. L'intérêt qui peut naître de l'incertitude de l'événement est inconnu ou méprisé d'eux. « Jamais chez les Grecs l'événement n'est incertain... Il n'y avait personne qui dès le commencement de la pièce n'en vît clairement la fin » (Patin). Ceci est d'une vérité presque absolue. *Œdipe-Roi* peut-être seul fait exception. Il leur importe si peu d'être en suspens à l'endroit de la catastrophe que leurs auteurs ne se font aucun scrupule de l'annoncer d'avance. Euripide résume par provision sa pièce dans un prologue. Grand débat à ce sujet. Schlegel s'étonne d'un tel mépris du pathétique attaché à la curiosité. « Je ne vois pas pourquoi l'intérêt excité par l'incertitude de l'événement ne serait pas au nombre des impressions que doit produire une fiction dramatique [1]. » Lessing, toujours fanatique d'antiquité et paradoxal dans ses moyens de défense,

---

1. *Cours de littérature,* 3ᵉ leçon.

assure « que l'intérêt dramatique est *d'autant plus fort et vif que nous aurons tout prévu depuis longtemps et avec plus de certitude* », et il ajoute : « Je suis si loin de penser qu'il faille dérober au spectateur le dénoûment que je ne crois pas me proposer une tâche au-dessus de mes forces si j'entreprenais un drame où le dénoûment serait annoncé d'avance, dès la première scène ». — Saint-Marc Girardin croit que le prologue était une nécessité pour que le public pût suivre la pièce dans ces grands théâtres où bien des paroles devaient se perdre. On se demande alors pourquoi toutes les pièces grecques n'ont pas de prologue. — Enfin la plupart considèrent l'invention du prologue comme une marque d'impuissance de la part d'Euripide.

La vérité est, ce nous semble, que le prologue, c'est-à-dire le fait d'annoncer à l'avance l'événement au spectateur, n'est nullement une nouveauté introduite par Euripide. Dans les *Choéphores* d'Eschyle on annonce à l'avance l'événement au spectateur. Dans l'*Électre* de Sophocle, Oreste expose d'avance, comme en un prologue d'Euripide, le plan détaillé de ce que feront plus tard les divers personnages.

Une telle manière de procéder supprime presque sûrement les péripéties et les combinaisons dramatiques. Et, en effet, péripéties et combinaisons sont rares dans les pièces grecques. Nos modernes s'en étonnent, et se demandent par exemple comment Euripide avec ses procédés si commodes de prologue et de *deus ex machina* a pu être, dans l'estime des Athéniens, le rival de Sophocle, plus soucieux, il faut le dire, d'ordonnance logique. Ne doit-on pas raisonner tout autrement et dire : Les Athéniens ont admiré autant Sophocle qui, dans quelques pièces, a donné l'idée d'une trame dramatique assez serrée, qu'Eschyle qui ignore ce que c'est que combinaisons dramatiques et qu'Euripide qui s'en passe. Donc les combinaisons dramatiques leur étaient indifférentes.

Il n'en faut pas douter. Le plaisir qu'ils venaient chercher au théâtre n'était pas là. Peut-être même était-il exclusif de celui-là.

III

Mais voyons les conséquences de cette indifférence à l'endroit du pathétique de curiosité.

Il y en a une qui est immense. C'est qu'ils ne tiennent que médiocrement à l'unité d'action. Plus haut nous remarquions que l'action, bien souvent, languissait chez eux. Il arrive aussi qu'elle se dédouble. Après ce qui précède, il n'y a pas lieu de s'en étonner. Le principe de l'unité d'action, c'est l'intérêt de curiosité. Vous abordez quelqu'un et lui dites : « Savez-vous une nouvelle ? » Il s'intéresse, interroge. Vous la lui dites, il s'en va. L'intérêt que vous avez éveillé en lui est satisfait. — Vous réunissez mille personnes dans une salle et leur dites : « Voici des personnages qui sont dans une situation très compliquée. Comment ils en sortiront, je ne vous le dis pas, je vais même prendre tous les soins possibles pour que vous ne vous en doutiez point. Vous finirez par l'apprendre. » Vos spectateurs, si vous savez votre métier, ne s'en iront pas avant de savoir comment les personnages sont sortis d'embarras; mais dès qu'ils le sauront, ils s'en iront.

Le genre d'intérêt que vous aurez excité chez eux sera satisfait.

A prendre les choses ainsi, l'unité d'action est nécessaire. L'unité d'action est l'unité de la question posée, débattue, résolue. Rome sera-t-elle sujette d'Albe, ou Albe de Rome? Voilà la question. Si vous avez affaire à un public que mène l'intérêt de curiosité, la victoire de Rome annoncée, la pièce est finie, et il sera tout dérouté d'en voir naître un autre. Si votre public est beaucoup plus soucieux de voir un développement complet de caractère, que la solution d'un problème, tant que le vieil Horace restera sur la scène, frappé à coups redoublés par la fortune, et à chaque coup nouveau, montrant une partie nouvelle de sa grande âme, le public restera attentif, ému; jusqu'à ce qu'il ait vu le vieux héros rentrer, simplement stoïque, dans sa maison dépeuplée.

Pour ce public-là, l'unité d'action est d'une importance secondaire. Il lui faut une unité, sans doute; mais c'est une unité plus élevée, plus générale, et qui varie; tantôt celle qui résulte de la peinture d'un caractère : le vieil Horace est l'unité d'*Horace*, Macbeth est l'unité de *Macbeth*; tantôt celle qui naît d'un tableau historique : la lutte de l'Orient amolli contre l'Occident énergique est l'unité d'*Antoine et Cléopâtre*. Dans ce cas l'unité d'un drame est de même nature que celle d'un poème épique. C'est ainsi que les Grecs l'ont entendu. N'ayant pas l'intérêt de curiosité, ils n'ont pas eu le souci de l'unité d'action.

Leur licence va très loin à cet égard. Il est impossible de dire quelle est l'action dans *Ajax* de Sophocle. Il y a au moins deux questions : 1° Ajax se tuera-t-il? 2° Sera-t-il enterré? — Il y en a deux dans les *Sept chefs devant Thèbes*, d'Eschyle : 1° Qui sera vainqueur? 2° Polynice sera-t-il enterré malgré la loi? — Il y en a deux dans les *Trachiniennes*. La pièce, comme l'a très bien remarqué Saint-Marc-Girardin, est finie, au point de vue strictement dramatique, à la mort de Déjanire. Voilà pourtant un nouveau drame qui commence, la mort d'Hercule, et qui est mêlé d'une histoire toute nouvelle, la destinée future d'Iole, la captive.

On objecte, et non sans raison, la sévère ordonnance et l'intrigue fortement lié d'*Œdipe-Roi*. D'abord il serait étrange que l'unité d'action ne se trouvât nulle part dans le théâtre grec. Nous disons que l'esprit grec est indifférent à l'unité d'action;

pour que l'unité d'action fût proscrite chez eux, il faudrait qu'il y fût contraire. C'est parce que, précisément, ni ils ne la cherchent ni ils la repoussent, que dans leur théâtre, tantôt on la trouve, et tantôt on ne la trouve pas. — Ensuite *Œdipe-Roi* lui-même prouve cette indifférence dont nous parlons. S'il fallait croire que c'est par ignorance des vraies lois de l'art, ou impuissance de génie, que Sophocle, partout ailleurs que dans *Œdipe-Roi*, a tenu peu de compte de l'unité d'action, il faudrait supposer que le sujet d'*Œdipe-Roi* trouvé, en possession enfin de la vérité théâtrale, Sophocle va s'y tenir avec un soin jaloux. Il n'en est rien. Dans cet *Œdipe-Roi* lui-même, l'affreux secret découvert, c'est-à-dire, au point de vue de l'unité d'action, la pièce finie, Sophocle poursuit encore et écrit ces admirables scènes finales, qui ne sont pas utiles, la curiosité étant satisfaite, mais qui sont belles par elles-même. Et après avoir écrit *Œdipe-Roi* où l'unité d'action est observée en somme, il écrit *Œdipe à Colone* où il n'y a pas d'unité d'action, ni même d'action.

Des récits inutiles, des digressions, une intrigue lâche ou absence d'intrigue, une action multiple ou absence d'action; l'intérêt de curiosité très sacrifié ou entièrement banni; l'unité générale, un peu flottante, de l'épopée, appliquée au drame : voilà la tragédie grecque, au point de vue de la fable. En un mot ce n'est nullement un drame, au sens où nous l'entendons, c'est un épisode épique jeté sur la scène.

IV

Pour la saisir en son ensemble, ajoutez-y une partie lyrique très considérable, même sans tenir compte de la mélopée. L'action a ses moments de repos où le drame grec semble sommeiller, dit Patin. Le drame grec ne se borne pas à sommeiller et à rêver. Il chante. Ceci est le trait le plus frappant, le plus original, et en accord avec tous ceux que nous avons précédemment relevés. Les Grecs sont beaucoup plus soucieux au Théâtre de rendre les divers aspects de la vie que de suivre les péripéties d'une action vive. Il est donc naturel que si la passion humaine s'exprime souvent, dans la vie, sous forme lyrique, la poésie lyrique ait sa grande place au Théâtre. La passion humaine ne se traduit pas uniquement, ni immédiatement surtout, par des actes; elle s'exhale en fureurs, en plaintes, en gémissements, en cris d'espoir, en chants de triomphe ou en chants de deuil. Tout cela est du domaine de la poésie lyrique. Donc à côté de l'action, le Théâtre grec nous donnera le chant.

Ces observations seraient contestables si la poésie lyrique, sur la scène grecque, était le seul privilège du chœur. La présence de la poésie lyrique pourrait alors s'expliquer par des raisons historiques, par la seule histoire du développement de la tragédie grecque sortie du dithyrambe et se transformant laborieusement en drame. Mais retranchez les chœurs, et vous trouvez encore dans la tragédie grecque une partie lyrique qui paraîtrait surabondante à un public moderne.

J'ose à peine parler d'Eschyle, tant pour lui la chose est manifeste. Patin n'a pas osé dire que ses tragédies sont des opéras. Il semble que le mot lui répugne. Mais, avec sa grande rectitude de sens, et son grand bonheur d'expression, il a dit la chose à plusieurs reprises : « Ses drames ne sont guère qu'une sorte de cantate dont l'introduction successive des rares personnages renouvelle de temps en temps le motif épuisé ». Ailleurs : « Le drame n'offre qu'une ode en action dont le motif se renouvelle de temps en temps par divers incidents que font naître des récits ». Il est certain que *Prométhée* par exemple n'est qu'une longue et magnifique effusion de plaintes, un *thrène* sublime chanté à plusieurs voix sur une scène; que les *Sept Chefs*, comme le dit encore Patin, ne sont qu'un long chœur exprimant le trouble et les alarmes d'une ville assiégée, et, par intervalles, quelques récits qui font connaître les progrès du siège ; que les *Suppliantes* sont un drame lyrique à grand spectacle.

Voyez encore les *Choéphores*. Certes il y a là une action et terrible; mais, remarquez, après la scène de reconnaissance, en un moment si critique, où l'on peut croire que l'action va se précipiter, violente et déchaînée, vers son but fatal, voici une prière d'*Oreste*, d'un développement immense, d'une ampleur superbe, d'une inutilité absolue, où (le croirait-on?) viennent se déployer à l'aise de majestueuses comparaisons homériques. L'action peut attendre. Elle reprendra quand ces fines oreilles athéniennes, quand ces avides imaginations grecques auront suffisamment joui du plaisir tout artistique d'entendre des effusions harmonieuses et de contempler de riches images.

Chez Sophocle, l'action n'est pas, comme chez Eschyle, offusquée et étouffée par le développement lyrique. Mais les parts sont au moins égales. Je laisse toujours de côté le chœur. Dans *Philoctète*, juste au milieu de l'action, après l'arrivée d'Ulysse, immense amplification lyrique du proscrit sur ses infortunes. Dans *Antigone*, qui semble avoir été aux yeux des Grecs le chef-d'œuvre de Sophocle, longue digression lyrique d'Antigone sur les infortunes d'OEdipe qui n'ont qu'un rapport bien lointain à l'action. Dans *Ajax* longs monologues du héros abattu par le sort, dégoûté des autres et de lui-même, qui rappellent les sombres méditations d'Hamlet, et qui ont tout à fait la forme et le mouvement lyriques, merveilles de poésie du reste : « Tout, dans le cours immense et incalculable du temps, se montre après avoir été caché et disparaît après avoir paru. Rien n'est impossible, mais tout s'use, et les terribles serments et les cœurs inflexibles. Moi qui m'étais jadis endurci l'âme, comme le fer s'endurcit par la trempe, voilà que je me sens faiblir aux discours d'une femme... Il faut obéir! Pourquoi non? Les choses les plus fortes cèdent à une puissance supérieure. Les hivers neigeux se retirent devant l'été riche de fruits; le char, plein d'ombre, de la nuit cède la place à l'aurore aux cheveux blonds; le souffle des brises légères endort la mer qui gémissait sous la tempête, et le sommeil qui dompte le monde, relâche ses liens et lève le joug dont il nous tenait enchaîné. » — Voyez-vous, au milieu du drame, l'ode paraître, se déployer et s'enlever d'un grand coup d'aile.

Dans Euripide lui-même, plus pressé, plus vif, plus soucieux d'action, plus prodigue de faits voyez, entre autres, cette scène charmante où Hippolyte offre une couronne à Diane. Grâce des images, fraîcheur du sentiment, allure abandonnée et charme naïf du langage, tout appartient à la poésie rêveuse et contemplative, tout est du genre lyrique ou élégiaque. On dirait une délicieuse pastorale qui s'ouvre par un chant de pâtre au milieu des harmonies paisibles du matin. Un tel morceau semble appeler la musique. L'association des idées est si naturelle que Patin l'appelle, improprement du reste, une « ouverture ».

Tel était, sans parler du chœur, le mélange constant, chez les Grecs, de la poésie lyrique et de la poésie dramatique. L'action, sur ce théâtre, se mêlait toujours, en une mesure très large, de passion s'exhalant en chants harmonieux et puissants. Bien souvent même l'action ne servait que de prétexte et de lien à ces effusions lyriques. Dans nombre de pièces (*Perses*, *Suppliantes*, *Œdipe à Colone*, *Troyennes*), l'action n'est qu'un fil léger, et qui disparaît par intervalles, destiné à rattacher les uns aux autres les odes, élégies, thrènes ou dithyrambes, mis dans la bouche des personnages.

Que si l'on nous demande quelle espèce d'intérêt on pouvait prendre à des drames composés dans cet esprit, nous répondrons avec Patin « qu'on éprouvait sans doute une émotion peu différente de celle qui nous attache à la représentation des tragédies lyriques. Dans ce genre d'ouvrages l'intrigue nous préoccupe peu ; nous lui demandons autre chose que d'être raisonnable et régulière. Elle n'est pas le but de l'art, mais le moyen. Le but, c'est l'expression musicale des sentiments... Ce n'est pas sur l'issue de la lutte qu'ils appellent l'attention, c'est sur la lutte elle-même. »

Ainsi pour ce qui est de la partie parlée, union intime et combinaison harmonieuse de l'art épique, de l'art lyrique et de l'art dramatique proprement dit ; — pour ce qui est de la partie non parlée et que nous avons perdue, les arts rythmiques et les arts plastiques venant au secours des arts de la parole, les soutenant de toute la puissance de la musique, et les encadrant de tous les prestiges de la décoration sculpturale et architecturale ; — un bel et noble épisode sur la scène, animé par le dialogue, enrichi de morceaux lyriques, et encore allant aux yeux par le décor et au plus profond du cœur par la musique ; — tous les arts humains unis et alliés ensemble en une œuvre majestueuse, pour concourir à la représentation de la vie en ce qu'elle a de plus grand : tel a été le drame grec, type achevé du génie poétique parmi les hommes.

V

Ç'a été là une œuvre que le monde n'a pas revue, car, depuis, la tragédie s'est réduite, s'est fractionnée. Les raisons de cette transformation sont nombreuses.

La première et la plus manifeste c'est le génie qu'il faut pour soutenir une œuvre d'une telle ampleur, et si complexe, et la nécessité où se sont trouvés des génies moindres de la restreindre à leur mesure. Cependant il s'est rencontré des génies aussi grands, s'il est possible, qu'Eschyle et Sophocle, et qui se sont appliqués au théâtre. Il doit donc y avoir d'autres causes, sinon de cette décadence, ce serait beaucoup dire, du moins de ce rétrécissement du domaine tragique. En voici une peut-être.

Il y a, ce nous semble, dans les littératures, une loi de division et de subdivision progressives des genres. A l'origine les genres sont confondus. Peu

à peu ils se divisent, se délimitent et se classent
C'est la marche naturelle de l'esprit humain. Il
commence par voir d'ensemble les objets de ses
connaissances, et d'ensemble aussi il les exprime.

Les œuvres littéraires sont dans les temps primitifs des recueils de toutes les connaissances humaines. C'est alors que les poèmes sont des encyclo-
pédies. Les Bibles du moyen âge français en sont
un exemple très frappant. Les poèmes d'Homère et
d'Hésiode ont un caractère analogue, avec les différences considérables sur lesquelles nous aurons
l'occasion de revenir. Le temps aidant, les connaissances se classent à mesure qu'elles s'augmentent;
elles se disposent par groupes dans l'esprit; ces
groupes se délimitent les uns par les autres, et le
« genre » apparaît. Le genre est la notion nette qu'a
l'esprit d'un certain caractère commun que présen-
tent tels objets de connaissance à l'exclusion des
autres.

L'apparition du « genre » marque et date l'intervention de l'esprit analytique dans une littérature.
Il est le produit de la raison, faculté ordonnatrice,
s'exerçant sur les concepts de l'imagination. Ce
travail de l'esprit critique, dans la suite du temps,
continuant de s'exercer, et trouvant toujours un
plus grand nombre d'œuvres où s'exercer, fait un

pas de plus. Là où il avait vu un groupe et marqué un genre, il voit un groupe se subdivisant en deux ou trois groupes, et marque deux ou trois sous-genres. Ce travail pourrait être indéfini, et il est indéfini en effet. Il va de l'origine chaotique des littératures jusqu'à leur complet épuisement, et il contribue à les tirer de l'une et à les amener à l'autre. Il rend de très grands services aux littératures naissantes et n'est pas sans nuire aux littératures qui vieillissent.

Les littératures commencent toujours par des œuvres où les genres sont confondus, ou fondus, selon le génie des auteurs; elles continuent toujours par des œuvres où la division des genres est observée; elles finissent toujours par des œuvres qui n'embrassent que la moitié, le quart ou le dixième d'un genre.

Prenons la comédie. Voici la comédie primitive, la comédie d'Aristophane. C'est quelque chose comme un roman comique mêlé d'opéra-bouffe et comportant le genre oratoire plus ou moins sérieux. Autant vaut dire que tous les genres s'y trouvent. Comédie proprement dite, farce, pantomime, opéra-bouffe, ballet, féerie, satire politique, satire littéraire. J'en oublie, sans aucun doute.

Peu à peu le genre se simplifie, ou plutôt le genre

apparaît. Dans la « Comédie nouvelle » tout ce qui n'est pas l'essence propre de la comédie est éliminé. — Plus de chœur, partant plus d'opéra, plus de ballet, plus de féerie. — Plus de parabase, partant plus de satire personnelle et directe; plus d'éloquence. — Et en dehors de ces changements que la rigueur nouvelle des lois pourrait expliquer en partie, plus de cette liberté tout artistique, de digressions aventureuses, de capricieuses bouffonneries, de voyages fantastiques à travers le monde, qui faisait une partie du charme étrange de la vieille comédie. L'esprit critique a coupé les ailes de l'imagination vagabonde et fantasque. La comédie n'est plus que la comédie, la peinture spirituelle et fine des mœurs moyennes.

Suivrons-nous le genre dans les littératures d'imitation qui continuent la littérature grecque? La comédie reste dans Térence ce qu'elle paraît avoir été dans Ménandre. Mais dans cette seconde littérature d'imitation qui est française, une subdivision s'établit. Déjà Molière distingue la farce de la haute comédie, tout en poussant encore des saillies de farce bouffonne dans le *Tartuffe*, et jetant encore des **traits d'observation profonde dans le *Malade imaginaire*.**

Après lui les subdivisions se multiplient. On dis-

tingue la comédie d'intrigue, la comédie de caractère, la comédie de mœurs, le simple vaudeville. Chaque auteur, chaque théâtre a son genre, dont il n'ose ou ne daigne sortir. L'esprit critique a achevé son œuvre, qui, en s'exagérant, menace de devenir nuisible à la liberté de l'inspiration. — On pourrait suivre ce progrès, moins nettement marqué peut-être, mais toujours sensible, dans l'histoire de tous les genres littéraires.

Un rapide exemple encore. Il est convenu aujourd'hui que le genre descriptif n'est pas un genre. C'est un ornement de quelques autres genres qu'on a pris pour un genre à part. Le genre épique, par exemple, comporte les descriptions; et, dans le genre didactique, il y a toute une partie considérable qui est descriptive. A la période d'épuisement des littératures, on a cru que la description, de soi, était un genre, et l'on a fait des poèmes entiers enfermés dans les étroites limites de ce prétendu genre, qui est le plus vain qui se puisse, et un pur rien.

Voilà l'excès de la subdivision des genres et le terme fatal du travail de l'esprit critique, devenu étroit et mesquin, dans les littératures.

Il en est allé de même pour ce qui est de la tragédie. Nous avons vu qu'elle fut d'abord un art embrassant tous les arts. Peu à peu le travail ordinaire s'exerce sur elle, qui sépare les parties de diverses natures et écarte toutes celles qui ne sont pas de l'essence du poème. La partie proprement dramatique est l'essence de la tragédie, en ce sens seulement que c'est par quoi la tragédie se distingue des autres œuvres poétiques et est autre chose aux yeux qu'un poème épique. C'est, en quelque sorte, sa physionomie particulière. Il suffit pour que cette partie, avec le temps, l'emporte et domine.

Déjà dans Euripide, non pas toujours, nous l'avons assez vu, mais le plus souvent, l'action l'emporte sur la partie épique et la partie lyrique. Celle-ci est évidemment négligée et glisse au second plan. Son étendue matérielle est moindre, sa valeur esthétique inférieure, son rôle effacé. Le chœur cesse quelquefois de tenir à l'œuvre, et de développement lyrique de la pensée qui préside au drame, il tombe à l'office de simple intermède. Le lien est rompu. La partie qui n'est plus qu'accessoire peut disparaître sans que soit détruite l'unité de l'œuvre.

Agathon comme Euripide, plus que lui sans doute, à en croire les expressions d'Aristote [1], réduit le chœur à un ornement étranger.

Plus tard enfin, au temps des Alexandrins, on en

---

1. Aristote, *Poétique*, XVIII, 7.

vient à ne plus vouloir entendre au théâtre que les parties iambiques. C'est le sens même de l'antique tragédie qui s'est perdu.

On le retrouve à Rome bien diminué et comme éteint. Dans la tragédie d'Ennius, le chœur existe, mais déchu et languissant. Comme un roi détrôné, il n'a plus sa place d'honneur ni dans le théâtre, ni dans le drame. Plus d'orchestre où il puisse s'étaler en ces évolutions harmonieuses auxquelles répondait la distribution de ses chants en strophes, antistrophes et épodes. Il chante sur la scène, sans doute, par la bouche du Coryphée, quand la scène est vide, sans se mêler au dialogue des acteurs, comme il faisait jadis, acteur lui-même. Comme au temps d'Agathon, plus peut-être, il n'est qu'un souvenir, une tradition, non un organe vivant nécessaire; comme au temps des Alexandrins sans doute, il est écouté avec ennui. — Si le chœur à Rome est effacé, les morceaux lyriques chantés par les acteurs eux-mêmes existent encore et semblent avoir été goûtés. Cicéron nous parle de ces *cantica* où le talent de l'acteur Esopus se développait avec complaisance et avec succès [1].

---

[1]. *De Oratore*, III, 26. Cf. Patin, *Études sur la poésie latines* Ennius, Cicéron; Wolff, *De Cantico in Romanorum fabuli, scenicis.*

Ce reste de la poésie lyrique mêlée à la dramatique, ces monologues lyriques, on n'en trouvera plus dans notre tragédie française, que quelques essais (*Polyeucte*, *Cid*, *Athalie*), assez timides et peu imités. Le mouvement est continu, qui dégage peu à peu, de plus en plus, le drame proprement dit de tout mélange étranger, au risque de l'appauvrir et de lui retirer la vie.

Tels sont les changements par lesquels a passé la tragédie antique, et telles sont les diverses formes sous lesquelles elle devait se présenter à l'étude, à l'admiration et à l'imitation des modernes.

CHAPITRE IV

Le drame moderne.

Quatre peuples modernes, aux xv⁰ et xvɪ⁰ siècles, lurent, étudièrent et commentèrent avidement les œuvres dramatiques léguées par l'antiquité. Ce furent les Italiens, les Espagnols, les Anglais et les Français. Selon les instincts de leur race, après avoir passé tous les quatre par cette éducation commune, ils ont pris, les uns et les autres, les directions les plus différentes. L'ignorance n'a été chez aucun d'eux la cause de la déviation qu'ils ont imposée à l'art dramatique. Tous les quatre, au même degré, ont connu l'art antique, et chez tous, les lettrés et les érudits ont fait l'éducation des poètes. Chez tous une période de travail critique a précédé la période de production dramatique. La chose est plus que connue pour ce qui est des Italiens. Les Espagnols, qui sont restés plus à l'écart du mouvement de la Renaissance, n'en connaissaient pas moins les modèles du théâtre antique, au moment même qu'ils s'en écartaient le plus. Nous avons l'aveu de leurs poètes eux-mêmes. « Quand j'ai à écrire quelque comédie, dit Cervantès, j'enferme sous six clefs tous les préceptes de l'art, je sors Térence et Plaute de ma bibliothèque pour qu'ils ne m'accusent pas; car souvent la vérité crie à travers les livres muets. » Les savants espagnols du xvie siècle soutenaient avec la plus grande ferveur à cette époque la poétique d'Aristote[1] et n'auraient pas été éloignés sans doute, comme le chanoine de Tolède que l'on voit dans *Don Quichotte*, d'établir un magistrat chargé d'interdire les comédies qui s'écartaient des lois de la poétique classique.

Bien avant que Shakespeare fût monté sur la scène, les lettrés anglais avaient passionnément étudié le théâtre antique et passionnément aussi en avaient recommandé l'imitation[2]. Enfin on sait de quel immense travail d'études critiques sortit notre théâtre du xvie siècle.

1. Cf. S. de Sismondi, *Littérature du Midi de l'Europe.*
2. Voir Mézières, *Shakespeare et ses critiques*, ch. i.

I

Chez tous ces peuples il y eut une période d'incertitude où l'art dramatique hésita entre l'imitation exacte des modèles antiques et une inspiration propre, irrégulière et libre. Puis, selon le naturel de chaque nation, d'un mouvement irrésistible, l'art se traça un lit, qui une fois marqué, se creusant de plus en plus, imposa à l'art un cours pour longtemps réglé et uniforme. Car, en telle matière, ce qui fut effet, à son tour devient cause : l'esprit qui anime l'art d'un peuple trouve sa forme, et, une fois fixée, cette forme à son tour s'impose à l'art et le modèle. L'hésitation ne dura guère chez les Italiens, et très vite ils s'accommodèrent de la forme antique.

Les Espagnols et les Anglais, répugnant, de penchant naturel, à former un drame musical, plastique et lyrique, ou impuissants à le créer, comprirent vite ou sentirent, que de cinq parties dont se composait la tragédie antique, s'ils en retranchaient trois, ils ne pouvaient former un drame suffisamment ample et plein, qu'à la condition de développer les deux autres. Abandonnant les parties lyrique, plastique et musicale, ils durent donc féconder et étendre les parties dramatique et épique; d'où vient que de l'épisode épique qui suffisait à la tragédie grecque, ils ont fait une véritable épopée. La tragédie grecque est un épisode, la tragédie anglaise est un poème. Ce que le drame a perdu pour ce qui est des moyens d'exécution multiples, il a dû le gagner comme fond et matière. Il était simple en son fond et infiniment varié de formes, il devient pauvre de formes, et s'étend extraordinairement en matière et en étoffe. Toute la méthode, par cela seul, se trouve changée. Les Grecs n'ayant besoin que d'un seul fait, ou d'une série très courte et très simple de faits, simplifiaient et resserraient l'action plutôt qu'ils ne songeaient à l'étendre. D'un poème ils faisaient une crise; dans une période, ils prenaient un moment, le moment caractéristique et saillant.

L'histoire d'Œdipe est un poème. C'est trop pour une tragédie, aux yeux des Grecs. Dans ce poème, il y a un épisode, Œdipe roi de Thèbes. C'est trop encore. Le Grec prend un moment, celui de la crise, celui où le héros funeste se trouve acculé au terrible secret de sa vie. C'est ce moment qui fournira de matière à son drame; et le reste de la vie du héros ne passera devant les yeux du lecteur que par rappels, souvenirs évoqués, allusions. Songez qu'il est bien suffisant, ce moment si court, à remplir la tragédie, cette tragédie devant être magnifiquement décorée et enrichie de morceaux lyriques, de prières, de descriptions, de chants de deuil, et encore de tableaux vivants et mouvants d'une ampleur imposante et émouvante, et encore d'accompagnement musical, de tout ce qui enfin, sous toutes les formes possibles, exprime, traduit, symbolise ou suggère les sentiments en jeu. — L'Anglais, privé de tant de secours, partant ayant besoin d'une action variée et étendue, se garde bien de ne prendre dans le poème qui fera l'objet de son œuvre, que le moment de la crise. Jugez de l'immense effort qu'il lui faudrait pour en tirer la matière d'un drame, et jugez aussi de l'inutilité de l'effort. Ce qui est pour le Grec le drame, est pour l'Anglais le dénouement. *Œdipe-Roi* traité par Shakespeare s'étendrait et se décomposerait probablement ainsi :

1ᵉʳ acte, sorte de prologue, exposition du fait initial : Œdipe abandonné et recueilli. — 2ᵉ acte : Œdipe « jeune et superbe », fougueux, violent, meurtrier de son père. — 3ᵉ acte : Œdipe et le Sphinx. — 4ᵉ acte : Œdipe triomphant, fier de sa science et de sa vengeance, adoré sur le trône de Thèbes, enivre de sa grandeur. — 5ᵉ acte : le retour terrible du sort qui change l'objet d'adoration en objet d'horreur et confond la gloire humaine.

Système tout nouveau, qui, au lieu de ramasser la matière historique en un point lumineux, pour entourer ensuite ce point unique de toutes les merveilles d'un art multiple, infiniment varié et riche, met la variété dans le fond même et étale l'histoire dans toute sa suite, dans la série prolongée, aux aspects changeants, de ses événements divers, de ses péripéties multipliées, de ses flux et reflux successifs.

Système qui exige un génie non moins puissant, mais tout autre, qui veut chez l'artiste non plus des qualités de lyrique, d'élégiaque et d'orateur, mais des qualités de poète épique et d'historien ; qui supprime de très grandes difficultés et en crée d'autres très grandes aussi ; qui ne demande plus, pour parler comme Sévigné, « ce rapport de la musique, des vers, des chants, des personnes, si parfait et si complet qu'on n'y souhaite rien » ; mais qui demande une connaissance ou une intention profonde des causes et des effets historiques, des esprits, des caractères et des mœurs selon les temps et selon les lieux, un sens historique enfin sûr et puissant, uni à ce je ne sais quoi qui tout anime, tout vivifie et tout ressuscite.

II

La méthode se trouve changée tout entière pour ce qui est de la peinture des caractères. Simple en son fond comme elle l'est, la tragédie grecque compose les caractères de traits généraux et simples. Elle procède à l'endroit de la peinture des caractères qui est son fond moral, comme à l'égard du fait, qui est son fond matériel. De même qu'elle prend un fait simple pour l'entourer ensuite de toutes les merveilles de l'art propres à l'illustrer, tout de même elle prend un caractère simple, d'une grande netteté, d'une clarté parfaite, saisissable d'un coup d'œil, pour l'exprimer, le décrire et le peindre ensuite de mille manières, de toutes les ressources de l'art le plus fécond et le plus souple qui fut jamais; thème simple et uni, qu'elle enrichit, sans le surcharger, de mille variations brillantes, à souhait pour le plaisir des oreilles et du cœur.

La tragédie anglaise procède à l'égard des caractères comme à l'égard des faits. Comme elle étend et élargit sa matière matérielle qui est le fait, elle étend et amplifie sa matière morale qui est sa peinture des caractères. Un caractère complet, une âme humaine tout entière, paraissait trop vaste pour son cadre à la tragédie grecque. Elle élaguait et simplifiait, usait d'élimination et d'abstraction. Comme elle réduisait l'histoire à un épisode et l'épisode à une crise, elle restreignait le caractère à un sentiment simple, et le sentiment à un mouvement unique. Un guerrier obstiné dans son ressentiment, qui refuse de revenir au camp; un fils échauffé de désir de vengeance qui poursuit le meurtrier de son père; un héros écartant avec une amère et fougueuse impatience les voiles qui lui dérobent le secret affreux de sa vie : voilà des caractères de tragédie grecque. Ils sont simples, d'une seule ligne presque droite, d'un seul mouvement net, direct et presque inflexible. La tragédie anglaise ici agrandit le cadre qu'elle a restreint ailleurs, peut-être parce qu'ailleurs elle l'a restreint. Elle embrasse les caractères dans toute leur étendue, dans la complexité de la nature elle-même.

Un caractère n'est plus un sentiment, une passion, un désir ou une répugnance unique, c'est une ame avec toute sa diversité, toutes ses profondeurs, la peinture qu'en fait l'artiste est tout un tableau avec tous ses plans, tous ses détails, tous ses points vivement éclairés et tous ses lointains vagues flottant dans l'indécis des demi-teintes. « De même que Shakespeare embrasse le monde entier dans le vaste cadre de ses œuvres, il embrasse l'homme tout entier dans chaque analyse de caractère [1]. » Toute la complication presque inextricable, tout l'enchevêtrement profond et obscur des sentiments au fond d'une âme humaine, tout cet ensemble aux mille détails, toute cette forêt touffue aux profondeurs mystérieuses, toute cette mer ondoyante et houleuse, où sous les flots roulent d'autres flots et où les courants vont s'entre-croisant et se brisant au fond des abîmes, voilà ce que, d'un effort immense, la tragédie anglaise s'essaye à saisir, à peindre et à mettre, vivant et frémissant, sous nos regards.

Un seul exemple. Oreste veut venger son père, sur sa mère criminelle, sur l'amant de sa mère, perfide et lâche. Il va droit au meurtre. Une force fatale est en lui, simple, unique, qui est tout son caractère. Nous ne saurons rien des secrets mouvements de son cœur, de sa nature d'esprit, des méditations solitaires de sa jeunesse misérable et inquiète, des

[1]. Mézières, *Shakespeare, ses œuvres et ses critiques.*

hésitations et des terreurs qu'il a dû avoir, ou, au contraire, de l'exaltation grandissante, de l'exaspération croissante de l'idée fixe en son esprit échauffé de fanatique. Rien de tout cela : il est l'assassin sacré qui vient, qui voit et qui tue. Le rôle est d'une netteté, d'une rigidité étrange et terrible, tout d'une pièce, comme celui d'Électre, comme celui de Philoctète, d'Ajax, d'Œdipe même.

Hamlet veut venger son père, sur sa mère criminelle, sur l'amant de sa mère, perfide et lâche. Mais pour Shakespeare, Hamlet n'est pas une passion unique, un sentiment simple; c'est un homme. Il faut prendre cet homme tout entier. Le spectateur doit savoir quel est son tempérament, ses habitudes d'esprit, la tournure habituelle de ses pensées, sa manière propre de réfléchir, de méditer, d'espérer, de craindre, d'aimer, de haïr, de rêver même, car de tout cela se fait en lui sa manière d'agir. Beaucoup de ces renseignements, de ces indications ou de ces peintures seront inutiles à l'action, et éclaireront d'autres parties du caractère que celle qui a son emploi dans la fable.

Il n'importe : la tragédie est avant tout peinture de caractères; c'est par le développement qu'elle donne à cette partie d'elle-même qu'elle rachète peut-être ce que, d'autre part, elle a perdu. Hamlet sera donc peint tout entier; et, en effet, lentement, traits par traits, nous voyons se dresser et s'étaler à nos yeux, cette nature complexe et ondoyante, ce jeune homme étrange, maladif, inquiet, envahi de rêverie énervante et obsédé de mélancolie douloureuse, replié sur lui-même, savourant les misères qu'il se crée, ingénieux à se torturer, fatigué de vivre avant d'avoir vécu; et, par une suite naturelle, impropre à l'action, incapable de persévérance, capricieux et fantasque, reculant devant l'acte, ou s'y jetant d'une saillie brusque et impétueuse, pour s'en retirer sans raison, comme il s'y est poussé sans motif; enfin s'épuisant à ces jeux cruels où il se plaît et à ces luttes où il s'égare malgré lui, et sentant s'écrouler en lui sa raison minée par l'éternel travail intérieur autant qu'ébranlée par les secousses répétées du dehors.

III

Une fois sur cette voie, la tragédie ne s'arrête pas. Son cadre s'élargit encore davantage. Le poète, obéissant à l'inspiration de cette muse historique qui règne en maîtresse sur son Théâtre, s'essaye à faire entrer dans son drame non plus seulement tout le caractère d'un homme, mais tout le caractère de toute une époque. Conçu comme il l'était, le drame moderne allait fatalement à ce terme extrême, et c'était là comme sa fin dernière. Jaloux de peindre la vie dans sa complexité, c'est-à-dire dans toute son ampleur et toute sa variété, il devait en venir à jeter sur la scène l'histoire elle-même, par grandes périodes, et à prendre pour personnage l'humanité elle-même. Ce n'est pas trop dire. Dans la *Numancia* de Cervantès, dans le *Jules César*, l'*Antoine et Cléopâtre* de Shakespeare, le personnage principal c'est le peuple. Le peuple apparaît dans la tragédie grecque. C'est le chœur. Mais par une conséquence du grand souci qu'ont les Grecs de maintenir l'unité et la simplicité du fond au travers de la multiplicité des moyens d'expression, le peuple, le chœur, côtoie l'action plutôt qu'il ne s'y mêle et s'agite autour du drame plutôt qu'il n'y agit. Personnage, non pas secondaire, mais d'arrière-plan, partie du drame, non pas accessoire, mais pour ainsi dire à demi extérieure, être moitié contemplatif moitié actif, dont ce n'est pas assez dire que l'appeler spectateur et dont c'est trop dire que le nommer acteur, il tient au drame en ce qu'il en est l'encadrement magnifique et l'écho harmonieux et puissant.

Dans le drame espagnol et anglais la foule est jetée au premier plan, sur le devant de la scène, en pleine lumière et en haut relief. Ce qu'on appelle l'esprit d'une époque, l'esprit de la Rome primitive au temps des luttes de patriciens et plébéiens [1]; l'esprit de la Rome césarienne; l'esprit du monde romain et du monde oriental au temps de la lutte d'Octave et d'Antoine, c'est-à-dire ce tressaillement obscur d'instincts entremêlés et confus, ce mélange et cette mêlée de sentiments à la fois puissants et vagues, de préjugés divers qui se rencontrent et qui se heurtent, d'idées rudimentaires et de notions

---

1. Mézières, *Shakespeare et ses œuvres*, ch. vi (Coriolan).

incomplètes qui flottent dans les limbes d'esprits mal éclairés de demi-lueurs ; c'est ce que la tragédie moderne fait l'audacieuse gageure de peindre avec fidélité et précision, et de porter au grand jour, net et cru, de la scène.

Qu'elle y ait réussi, ce serait beaucoup s'avancer que de le dire, et quoi que nous fassions, nous autres Français, nous sommes, de nature, trop étrangers à cette manière de concevoir le Théâtre, pour ne pas être toujours étonnés de ces audaces et fatigués à vouloir les suivre. Ce qu'il faut dire c'est que la suite logique du développement nouveau de la tragédie devait l'amener à ce dernier terme, et que, s'étant réduite elle-même à la partie épique, la tragédie, d'une pente naturelle, se laisse aller à étendre indéfiniment cette partie devenue unique et doit en arriver à vouloir faire vivre et respirer sur la scène, comme un personnage à cent têtes et à cent voix, l'humanité tout entière.

IV

C'est pour les mêmes raisons que le drame moderne a admis ce mélange, si nouveau assurément, et qui nous a étonnés si fort, du comique et du tragique. Ici il n'y a entre la tragédie antique et la tragédie anglaise ou espagnole qu'une différence de degré, mais considérable. Tenons tout d'abord pour un principe inflexible qu'une pièce ne peut pas être moitié comique, moitié tragique, et être bonne. Nous rencontrons ici, impérieuse et absolue, la loi de l'unité d'impression. Le but même de l'œuvre d'art n'est pas autre que de produire une impression une. Au travers des mille impressions diverses que la nature, la réalité produit sur nous, et qui s'atténuent ou se détruisent par leur diversité même, l'art a précisément pour but de ramasser autour d'une idée générale toutes les idées secondaires, toutes les images, tous les sentiments, tous les faits de nature semblable, et de former du tout comme un faisceau puissant qui frappera l'âme au même endroit et lui donnera une sensation générale unique.

De toute nécessité donc, d'une nécessité qui n'est qu'une loi supérieure de l'art, il faut que l'impression générale que laisse une pièce de théâtre soit comique ou tragique.

Mais il ne suit nullement de là que le comique doive être banni de la tragédie ou le tragique absolument exclu de la comédie. Il suffit que la présence de l'un ou de l'autre n'altère point l'impression générale et dernière. Dans cette mesure l'emploi du comique dans le drame sérieux est légitime; il peut même arriver qu'il soit utile. On comprend, par exemple, que le comique mêlé au tragique peut produire un effet de contraste qui, loin de nuire, contribuera au contraire à l'unité d'impression. Le comique mêlé au tragique peut servir encore à détendre et apaiser l'imagination et la sensibilité du spectateur fatiguée et surmenée par le spectacle prolongé des infortunes ou des crimes.

Le mélange du comique et du tragique peut enfin n'avoir pour but, et cela est encore légitime et utile, que de peindre dans sa diversité, dans sa vérité, la la vie humaine, toujours mêlée de gaîtés et d'amertumes, et dont toutes les prospérités sont traversées de douleurs, et dont toutes les misères sont traversées de courtes joies. Ce mélange, les Grecs l'ont connu, fort peu à vrai dire; mais on en peut citer des exemples : l'*Alceste* d'Euripide, ce drame étrange, sorte de comédie un peu bien funèbre, ou de tragédie quelque peu burlesque, mais dont l'impression générale, tout compte fait, est plaisante et douce; certaines parties d'*Antigone*, tragédie pourtant déchirante et affreuse, où les détails comiques n'empêchent nullement l'impression d'être terrible.

Ce que les Grecs ont admis à titre d'exception, les Anglais l'ont pratiqué presque constamment. Après tout ce que nous avons dit, nous n'avons plus lieu de nous en étonner. Ce fond si simple de la tragédie grecque n'admet guère qu'un côté de la vie, comme il n'admet qu'un moment du temps. Une action simple, un caractère simple, une impression simple, tout cela se suit et s'accorde. Partant un seul épisode, un seul sentiment, un seul aspect de la vie. Le personnage nous apparaîtra se mouvant dans un événement court, exprimant un sentiment unique, nous présentant une seule face de sa nature et comme un seul côté du masque. A tous les points de vue, la tragédie grecque se montre à nous aussi simple en son fond qu'elle est riche, variée, féconde et prodigue en ses moyens divers d'exécution et d'expression.

La Tragédie anglaise s'est proposé au contraire

d'être aussi riche de matière que possible. Elle cherche l'intérêt qu'elle veut exciter, non dans la variété harmonieuse des expressions d'une idée simple, mais dans l'abondance des idées diverses qu'elle éveille ou suggère, dans l'ampleur et la puissance de la source qu'elle fait jaillir. Ce qu'elle poursuit et s'obstine à vouloir embrasser c'est la vie tout entière. Rien d'étonnant si elle se montre très jalouse d'en présenter successivement, et tout ensemble si elle le peut, les deux principaux aspects, joie et douleur, sourires et soupirs, rires et pleurs. Elle ira en ce sens aussi loin qu'il lui sera possible et plus loin peut-être qu'il ne lui est permis ; et, comme tout à l'heure, au risque d'affaiblir l'intérêt en le dispersant, elle allait jusqu'à vouloir faire passer des peuples entiers sur la scène, tout de même, au risque d'altérer l'unité d'impression, elle va jusqu'à jeter au travers des drames les plus graves et les plus sublimes des trivialités de nourrices et des plaisanteries de fossoyeurs. — Étranges témérités, dont on s'étonne, et dont il ne faut pas se hâter de médire ; car c'est au prix de ces audaces que l'art s'agrandit, reconnaît des régions nouvelles et les ajoute à son empire, et il y a toujours un peu de folie dans l'essai des grandes conquêtes.

V

Tel est le grand changement qui est arrivé dans l'état de la tragédie quand elle est passée des livres grecs et latins où elle dormait aux mains des grands poètes anglais et espagnols du XVIe siècle. A la fois mutilée et agrandie, elle a perdu des provinces entières, mais a étendu celles qui lui étaient laissées jusqu'à en faire un immense empire. Elle a perdu la moitié au moins de ses moyens d'expression, mais a développé son fond historique et son fond moral de manière à combler la lacune et à rester une œuvre d'une incomparable grandeur. Elle n'est plus la synthèse harmonieuse de toutes les formes de l'art, elle est l'expression forte et profonde de la vie. Le plaisir qu'elle donne est autre. Elle donnait la sensation pleine d'un ensemble harmonieux, jouissance contemplative qui est le vrai plaisir d'un peuple artiste. Elle donne la sensation vive et forte de la vie intense, véhémente, variée, jouissance passionnée qui est le vrai plaisir d'un peuple observateur et curieux. Elle était toute de beauté harmonieuse, de vaste ordonnance, d'impression noble et sereine, en un mot éminemment artistique; elle est toute d'observation morale pénétrante et de sens historique puissant, en un mot profondément philosophique.

CHAPITRE V

La tragédie française.

I

Les Français, comme les Anglais, ont abandonné des provinces entières de l'ancien empire dramatique. Il n'entre pas dans le génie des peuples modernes, et il n'a été qu'en un moment très court dans le génie des peuples antiques, de faire de l'art dramatique la synthèse harmonieuse de tous les arts. Nous en avons trouvé une raison dans la loi de subdivision successive des genres. Sans doute il y en a d'autres qui nous échappent; mais le fait est d'expérience.

Nous avons donc, comme les Anglais, abandonné bien des parties considérables de l'ancien théâtre; mais nous avons été plus loin qu'eux dans l'exclusion. Ils ont abandonné la partie plastique, la partie lyrique, la partie musicale. Ils ont, pour établir une compensation nécessaire, développé ce qu'ils gardaient, la partie épique et la partie dramatique. Nous avons comme eux renoncé à la partie plastique, à la partie musicale, à la partie lyrique, et, pour notre compte, nous avons été jusqu'à supprimer la partie épique. Nous n'avons pas admis que la tragédie fût mêlée de lyrisme; nous n'avons pas même accepté qu'elle fût un épisode épique mis sur la scène, comme chez les Grecs, ni, à plus forte raison, une épopée, comme chez les Anglais.

Je dis, bien entendu d'une façon générale, que nous n'avons pas voulu de lyrisme sur la scène. Cet esprit d'exclusion n'existe pas au XVIe siècle. On est enivré, à cette époque, de souvenirs antiques. Or les anciens avaient des chœurs. Mais peu à peu le chœur est abandonné, non le lyrisme. Il se retrouve dans es monologues en stances de Rotrou, de Corneille. Bientôt il est proscrit. Corneille lui-même les blâme dans ses réflexions sur la Tragédie. Racine hasarde des stances dans la *Thébaïde*, puis y renonce. Quand nous arrivons à Voltaire, ce n'est plus de la répugnance pour ce genre d'ornement que nous trouvons; c'est le plus profond et le plus singulier mépris : « Lorsque notre théâtre commença à sortir de la barbarie, on substitua aux chœurs que l'on voit dans Jodelle et dans Garnier, des stances que les personnages récitaient. Cette mode dura cent ans (soixante environ : la *Thébaïde* est de 1664)... On s'en corrigea. Cette mesure, différente de la mesure employée dans la pièce, n'était pas naturelle, les personnages ne devaient pas changer le langage convenu, ils devenaient poètes mal à propos [1]. » — Ainsi le changement de rythme si familier aux Grecs, ce passage, si aisé chez eux, du dramatique au lyrique, qui fait que le personnage, en un moment donné, sent le besoin d'exhaler un sentiment profond, et de l'exprimer dans la forme de poésie dont c'est l'office de rendre les sentiments profonds, paraît au XVIIIe siècle un reste de « barbarie » et « l'enfance de l'art ».

Il y a plus. Le lyrisme, à défaut de strophes ou de stances, se réfugie dans les monologues. Le monologue a quelque chose du caractère lyrique. Il est l'expression d'un sentiment personnel qui s'exhale parce qu'il a besoin de s'exhaler, et non pour se confier à quelqu'un. Aussi, voyez la suite naturelle des idées françaises à cet égard : le lyrisme, au XVIIe siècle, peu à peu on le fait plus rare, au XVIIIe siècle on se l'interdit; on va plus loin : à la scène, dans les tragédies classiques, on le supprime. Voltaire nous

[1]. Commentaire sur Corneille, *Médée*.

apprend[1] que les acteurs retranchaient dans le *Cid* l'admirable cri d'enthousiame : « Paraissez, Navarrais, Maures et Castillans »; qu'ils retranchaient dans *Cinna* le monologue d'Émilie : « Impatients désirs d'une illustre vengeance », et il ajoute[2] : « Le public même paraissait souhaiter ce retranchement. On y trouvait de l'amplification... que c'était une déclamation de rhétorique; que les mêmes choses qui seraient très convenables quand on s'entretient avec sa confidente sont très déplacées quand on s'entretient toute seule avec soi... »

Autre exemple bien curieux. Le monologue d'Auguste : « Ciel, à qui voulez-vous désormais que je fie? » est si naturel, si en situation, si dramatique, que Voltaire ne peut s'empêcher de s'écrier : « Voilà le cas où le monologue est convenable ». Mais l'horreur qu'inspire le monologue à la critique du xviiie siècle est telle qu'il ne peut s'empêcher de revenir à son idée de confident, sans songer qu'il est telles choses qu'on ne dirait jamais devant un confident, et qu'on ne se dit même tout haut à soi-même que par convention dramatique : « Auguste, écrit-il, ne pourrait-il pas être supposé au milieu de sa cour, et s'abandonnant à ses réflexions devant ses

1. Commentaire sur Corneille, le *Cid*.
2. *Ibid., Cinna*.

confidents? » — Voyez-vous Auguste se traitant de
« bourreau » devant toute sa « cour » assemblée?
Voilà pourtant à quels contresens un homme d'un
goût exquis se trouve amené par la répugnance
invincible qui s'est développée dans l'esprit français
à l'endroit de toute intervention, si légère fût-elle,
et même apparente, de la poésie lyrique dans la
composition dramatique.

II

Le mélange du genre épique avec le genre dramatique nous est plus antipathique encore. L'épique chez les Grecs est un accessoire important de la tragédie, chez les Anglais il en est le fond même. Le tragique grec enrichit un fond très simple d'amples et nombreuses narrations homériques, et ne rencontre point le genre épique sur sa route qu'il ne lui fasse une large place. Le tragique anglais prend tout simplement une épopée et la découpe en scènes. Les Français, non seulement ne font pas de l'épique la matière du dramatique comme les Anglais, mais encore ils ne veulent pas qu'il intervienne dans le drame, comme chez les Grecs. Ils le repoussent et comme fond et comme accessoire.

Le drame grec, rapproché de l'anglais, paraît avare de développements épiques, il en paraît prodigue, rapproché du nôtre. Là où les Anglais ont cru devoir étendre, nous avons cru devoir restreindre. Quand nous comparons la tragédie grecque à l'anglaise, nous disons : une épopée est trop pour le tragique grec, il prend un épisode; un épisode est trop, il prend une crise. Du drame grec comparé au drame anglais, cela est vrai. Du drame grec comparé au drame français, cela n'est plus vrai. Ce drame grec mêlé d'épique en une mesure que tout à l'heure nous trouvions restreinte, nous en bannissons encore la partie épique qu'il admettait. Nous ne le faisons pas plus simple en son fond; ce serait impossible. Mais les fragments d'épopée qu'il entraînait avec lui en son cours, nous les écartons comme matière étrangère et encombrante. Plus de longs récits, plus de souvenirs s'étalant largement en belles nappes de poésie homérique. Ce n'est pas nous qui permettrions à Électre, éclatant en imprécations contre sa mère, de raconter l'histoire du sacrifice d'Iphigénie depuis le meurtre du cerf sacré et la colère d'Artemis jusqu'au sanglant dénoûment qui permit aux Grecs de voguer vers Ilion. Une tragédie n'est pas une épopée, une comédie n'est pas un roman, disons-nous sans cesse; et dès que le poète perd de vue cette distinction rigoureuse nous crions à la confusion des genres.

Corneille qui connaissait son public français, disons mieux, qui était français, resserre et ramasse le drame de Castro jusqu'à le rendre invraisemblable en sa suite précipitée. Et pourtant aux yeux de Voltaire le *Cid* n'est pas une tragédie régulière [1], encore moins *Horace* [2]; et tout le long du Commentaire, nous l'entendons s'écrier : Plus vite, plus vite! « Toutes les tragédies françaises sont trop longues [3]. »

1. Commentaire, le *Cid*.
2. Commentaire, *Horace*.
3. Dit dans les mêmes termes deux fois, dans le Commentaire sur *Pompée* et dans le Commentaire sur *Œdipe*.

III

Par suite, cette action de la tragédie grecque, si limitée, quand nous la comparons à l'action du drame anglais, nous la ramassons encore. Jamais la carrière du poète dramatique, tant nous avons peur qu'il ne s'égare dans l'épopée ou ne glisse dans l'ode, n'est pour nous assez étroite ni assez courte. Les Grecs ne s'imposaient ni l'unité d'action, ni l'unité de temps, ni l'unité de lieu. Tout ce qu'on peut dire, c'est que, par amour de la simplicité, ils les observaient le plus souvent. Ces unités deviennent pour nous des lois absolues dont il est honteux de se départir.

C'est qu'elles sont dans Aristote. Elles ne sont pas dans Aristote : elles sont dans l'esprit français, dans les esprits français les plus différents du reste, dans Scaliger, dans d'Aubignac, dans Diderot. — Dans Diderot! Le révolutionnaire qui jette étourdiment par le monde des théories dramatiques si paradoxales est un fougueux partisan de toutes les unités : « Les règles des unités sont difficiles à observer, mais elles sont sensées... Je serais fâché d'avoir pris quelque licence contraire à ces principes généraux de l'unité de temps et de l'unité d'action, et je pense qu'on ne peut être trop sévère sur l'unité de lieu. Sans cette unité la conduite d'une pièce est presque toujours embarrassée, louche [1]. »

Nous avons admis d'abord l'unité de temps, c'est à savoir les vingt-quatre heures; puis nous avons renchéri sur les vingt-quatre heures, et proposé cette loi que le drame ne durât pas plus que le temps de la représentation; et Voltaire dit, il est vrai dans une formule dont le sens est équivoque : « Resserrer un événement illustre dans l'espace de deux ou trois heures... ce sont là les conditions qu'on exige aujourd'hui d'une tragédie [2] ».

Ainsi s'est dépouillée la tragédie, en venant chez nous, de ces riches ornements épiques qui en rehaussaient si vivement l'éclat, mais qui, selon le goût français, en ralentissaient la marche.

Ce premier trait est déjà un signe de l'esprit de la race française s'appliquant à la tragédie. Du

1. Premier entretien sur le *Fils naturel*.
2. Commentaire, *Médée*.

drame elle écarte le lyrique et l'épique parce qu'elle n'a la tête ni épique ni lyrique, parce qu'elle n'est pas poétique pour tout dire. Voltaire le remarque, et (cela est bien de lui) il donne notre prédilection pour la tragédie précisément comme une conséquence et un exemple du manque de poésie qui nous distingue : « Il faut avouer qu'il est plus difficile à un Français qu'à un autre de faire un poème épique... Oserais-je l'avouer? C'est que, de toutes les nations polies, la nôtre est la moins poétique. Les ouvrages en vers qui sont plus à la mode en France sont les pièces de théâtre. Ces pièces doivent être écrites dans un style naturel qui approche de la conversation [1]. » — Un Grec n'eût-il pas été stupéfait si on lui eût dit qu'il fallait être moins poète pour écrire *Antigone* que pour écrire l'*Odyssée*? Cela est pourtant vrai d'une *Antigone* écrite par un Français. Les Français ont plus de goût, en effet, pour la tragédie que pour l'épopée parce que c'est un genre moins poétique; mais si elle est moins poétique, c'est qu'ils ont pris le soin de la rendre telle.

Un autre instinct de la race se marque aussi rien que dans ce travail d'exclusion : l'amour de la clarté.

Nous aimons à voir vite et clair où nous sommes,

---

[1]. *Essai sur le poème épique.*

et d'un seul coup d'œil à embrasser notre horizon, dussions-nous, pour cela, le restreindre. Les œuvres synthétiques nous déplaisent et nous aimons les genres bien tranchés. Cette subdivision des genres dont j'ai eu l'occasion de parler, c'est nous qui l'avons poussée le plus loin.

Par amour de clarté, autant, bien plus que par impuissance, nous avons banni lyrique et épique de la tragédie. Le drame en est plus net, plus simple, d'une ligne plus droite et déliée. Notre goût et notre office, parmi les peuples, semble être de saisir les choses en leur essence, et d'en donner la formule succincte la plus simple et la plus nette. Ainsi avons-nous fait en art, et, de cette tragédie grecque, qui était musique, plastique, lyrisme, épopée et drame proprement dit, allant vite au fond, à l'essence, à ce sans quoi elle ne serait pas, et nous en contentant, nous avons écarté musique, plastique, lyrisme et épopée, pour ne garder que le drame pur, réduit à son expression la plus simple, la plus précise, la plus facile à bien saisir.

IV

Quand les Anglais, des cinq parties du drame grec, en retranchent trois, ils étendent les deux autres. Nous aussi, nous nous sommes étendus, et, comme eux, dans le sens de nos facultés innées; et cette unique partie que nous conservions nous l'avons agrandie, développée, mise en valeur, de toutes les forces des qualités qui nous sont propres.

Le drame réduit à lui-même c'est l'action, c'est-à-dire une combinaison d'actions, c'est-à-dire l'intrigue. Nous avons développé l'intrigue et nous avons fortifié l'intrigue. Ici intervient une autre qualité de notre race, la logique.

L'intrigue est la part de la logique dans le drame. Mettre en présence un certain nombre de forces, les faire agir et réagir les unes sur les autres, combiner leurs coups et leurs contre-coups et conduire, de causes en effets toujours proportionnés à leurs causes, la série toujours bien liée des prémisses et des conséquences, jusqu'à une conséquence finale, contenue dans les données premières et qui s'appelle le dénouement : voilà composer une intrigue. C'est affaire de précision, de netteté et de vigueur dans l'esprit; nous y sommes passés maîtres. L'action, dans notre théâtre, se noue, semble se relâcher pour se nouer plus fortement à nouveau, se dénoue enfin, avec une précision incomparable. Nos expositions, qui sont les prémisses, contiennent exactement les dénouements, qui sont les conclusions.

Point de ces développements qui suspendent l'action, et qui n'ont d'autre mérite que d'être beaux. Ce mérite n'en est point un pour nous quand nous sommes au theâtre. Point de ces peintures de caractères qui dépassent le cadre du drame, qui n'ont point dans l'intrigue un emploi nécessaire, et qui n'ont d'autre mérite que d'être profonds. Le poète ne nous montre que le côté du caractère qui a rapport à l'action. Les autres ne sont pas dramatiques puisqu'ils n'entrent pas dans l'intrigue. Il craint de mettre dans la bouche des personnages une seule pensée qui soit étrangère ou indifférente au drame lui-même. A quoi bon? Toute pensée qui n'a pas son contre-coup sur le dénoûment est une prémisse qui n'a pas de conclusion; or ce que nous faisons ce n'est pas un poème, c'est un raisonnement.

Ainsi la tragédie prend un singulier caractère de précision rigoureuse. C'est un enchaînement solide qui relie fortement l'exposition au dénouement, sans que rien s'y mêle qui n'ait dans l'exposition son principe, dans le dénoûment sa conséquence. Mais nous l'aimons par-dessus tout; parce que c'est la nôtre entre toutes, et nous allons jusqu'à la prendre pour le génie dramatique lui-même.

Ceci me semble un excès, et la plus étroite manière d'entendre le théâtre qui soit au monde.

C'est celle de beaucoup de très grands esprits en France. La plupart de nos critiques dramatiques donnent à l'intrigue une place prépondérante en leurs préoccupations. C'est toujours le « sujet d'intrigue enveloppé » de Boileau qui « frappe » le plus « vivement » leur esprit. Corneille ne se donne jamais plus de naïfs éloges que quand il se reconnaît le mérite d'avoir mené de front deux ou trois intrigues se nouant et se dénouant en même temps avec un égal bonheur. Racine, son plan fait, son intrigue tracée, dit : « ma pièce est faite ».

Quand nous arrivons à l'époque de décadence, où le penchant dominant s'accuse en son excès même, il n'est plus question que d'intrigue, et le drame n'est plus considéré que comme œuvre de logique. On ne peut lire Marmontel ou Voltaire sans s'apercevoir très vite qu'ils ont pour les tragiques grecs un mépris qu'ils déguisent à peine; et que ce mépris vient tout entier de ce que les tragiques grecs ont été de pauvres inventeurs en fait d'intrigue et ne sont allés guère loin dans la science des combinaisons dramatiques. Marmontel voit très bien que la tragédie française est fille de la tragédie grecque, mais « avec une plénitude [je ne comprends pas], une continuité d'action, d'intérêt, un enchaînement de situations... un art des ressorts inconnus aux anciens ». Toujours le souci de la logique substitué au goût de la beauté. — Il n'est rien qui le touche plus et où il insiste davantage que cette opinion d'Aristote « que la tragédie peut se passer de mœurs » et que des différentes parties de la tragédie la plus importante est l'intrigue. La Motte veut que la pièce soit action dès le premier acte. Métastase, disciple des Français, dira la même chose. La Harpe met au premier rang l'intérêt d'action.

Il en résulte qu'ils en viennent à ne plus rien comprendre à la tragédie grecque. *Prométhée enchaîné* les rend stupides. Il n'y a là ni sujet (puisqu'il n'y a pas d'intrigue) ni action; mais des emportements poétiques forts et hardis : « Je crois qu'Eschyle était une manière de fou qui avait l'imagination très vive et pas très réglée », dit Marmontel. — Pour Métastase, *Prométhée* est la plus étrange bouffonnerie qui se puisse. « Il est difficile de caractériser ce drame tant il est extravagant. La Force et la Violence saisissent le Dieu et lui traversent la poitrine d'un clou de diamant. Dans cette situation incommode, Prométhée raconte prolixement les services qu'il a rendus aux hommes. L'Océan vient lui faire visite. Après un long bavardage, l'Océan emporte les trombes dans son sac. Io arrive, Prométhée, malgré son clou, a la curiostié de savoir l'histoire de la vache. Celle-ci le satisfait avec beaucoup d'éloquence et, en retour, Prométhée lui dit la bonne aventure. Brumoy admire dans ce drame l'exacte unité du lieu qu'il était difficile de ne pas observer en représentant un personnage qui a un clou dans la poitrine et qui reçoit des visites. » — La Harpe dit qu'il n'y a pas dans les *Perses* une scène tragique. Patin l'en blâme, et, quelques lignes plus bas, reconnaît qu'il n'y a pas d'action dans les *Perses*. C'est ce que voulait dire La Harpe. Pour lui là où il n'y a pas d'action il n'y a pas de tragédie.

Tout le XVIIIe siècle en est là. Une tragédie bien faite est une intrigue bien menée. Veut-on la définition de l'intrigue par Voltaire? « Resserrer un événement illustre et intéressant dans l'espace de deux ou trois heures; ne faire paraître les personnages que quand ils doivent venir; ne laisser jamais le théâtre vide; former une intrigue aussi vraisemblable qu'attachante; ne rien dire d'inutile; instruire l'esprit et remuer le cœur; être toujours éloquent en vers, et de l'éloquence propre à chaque caractère qu'on représente; parler sa langue avec autant de pureté que dans la prose la plus châtiée, sans que la contrainte de la rime paraisse gêner les pensées; ne se pas permettre un seul vers dur ou obscur ou déclamateur : ce sont là les conditions qu'on exige aujourd'hui d'une tragédie. » — J'ai donné la définition dans toute son étendue, pour ne pas m'exposer à dénaturer la pensée en la tronquant. Mais ne voit-on pas combien, à travers les conseils un peu vagues touchant le fond même de l'œuvre dramatique, « toucher le cœur..., instruire l'esprit... », tiennent de place deux préoccupations essentielles : souci de l'intrigue. souci du style; et il n'y a guère rien au delà.

V

Ils vont plus loin encore, ce n'est pas assez pour eux de dire intrigue, action suivie, enchaînement de situations. Ils disent problème. Nous voilà en pleine logique pure.

Quand nous disions qu'il est dans la nature de l'esprit français de considérer le drame comme un syllogisme, nous n'allions pas trop loin. Nous transcrivions Marmontel : « L'action d'un poème peut se considérer comme une sorte de problème dont le dénoûment fait la solution ». En dehors du théâtre français, il n'y a peut-être pas un drame à l'action duquel cette définition puisse s'appliquer. — Prévost dans ses études sur le théâtre des Grecs veut absolument que tout ouvrage dramatique soit l'exposé, le développement et la solution d'une question précise. Si l'on tient à savoir ce qu'est pour Prévost *Iphigénie à Aulis*, le voici : « 1° Les Grecs veulent-ils le sacrifice d'Iphigénie? 2° L'obtiendront-ils? » Voilà le problème. Patin s'amuse spirituellement de cette façon particulière d'entendre le théâtre, et à la question de Prévost il substitue celle du pédant de *Gil Blas,* bien plus précise sans aucun doute : « Le vent soufflera-t-il? Voilà la pièce. Il a soufflé. Voilà le dénoûment. Le sujet de la pièce est le vent; il n'y a rien de plus clair. »

Tous les Français ne vont pas jusque-là. Mais leur pente d'esprit y incline. Plus amoureux de logique que de beauté, là où les Grecs voyaient une occasion de développements artistiques de tous genres, là où les Anglais voyaient une occasion d'études morales et historiques; ils voient surtout des ressorts, des rouages dont ils aiment à suivre le jeu savant précis et aisé. Il ne faudrait pas trop nous pousser pour nous amener à dire qu'un drame est un problème de mécanique, et nous en devions venir à ce point, qu'un illustre écrivain dramatique de notre époque, Dumas fils, définit textuellement ainsi qu'il suit les conditions nécessaires à toute œuvre dramatique : 1° logique; 2° entente de la scène; 3° rapidité; 4° progression; 5° absence d'imagination; 6° absence d'invention.

Le plaisir est donc très vif que nous fait éprouver une intrigue bien conduite. Quand on demande aux critiques et aux auteurs qui font de l'intrigue le fond, et souvent le tout de l'œuvre dramatique, à quoi sert l'art de l'intrigue, ils répondent : à suspendre l'intérêt. Ils ont raison. Il est donc très vrai que l'intrigue est pour suspendre, disons mieux, pour créer l'intérêt, mais un certain genre d'intérêt. Lequel? L'intérêt de curiosité. Cet intérêt, nous avons cru voir que les Grecs l'ont complètement ignoré ou méprisé. C'est un ressort dramatique que nous pouvons à peu près nous vanter d'avoir découvert.

Nous en sommes très jaloux et très fiers. L'intérêt de curiosité est la cause finale, si je puis dire, de l'intrigue. L'intrigue est destinée à le produire, et c'est de ce penchant de notre esprit qu'est né pour nos auteurs, et le goût et la nécessité de l'intrigue bien conçue et bien menée.

Une des conséquences, et en même temps une preuve frappante de la présence dans notre esprit de ce goût particulier, c'est le soin que prennent nos auteurs de cacher le dénoûment. Cela est bien naturel, et en quelque sorte élémentaire. Si le sentiment qui porte le spectateur à écouter une pièce est l'attente de l'événement, l'événement final connu, il n'y a plus de pièce ni de spectateur. Mais ce qui est digne d'attention ici, parce qu'il prouve à quel point nous avons substitué le ressort curiosité aux autres ressorts dramatiques connus des anciens, c'est l'importance immense que nos auteurs et nos critiques ont attribuée à cet art de tenir le dénoûment caché. Il semble que ce soit là le but suprême et le comble de l'art. Je n'exagère aucunement. On connaît les vers de Boileau :

> L'esprit ne se sent pas plus vivement frappé
> Que lorsqu'en un sujet d'intrigue enveloppé,
> D'un secret, tout à coup, la vérité connue,
> Change tout, donne à tout une face imprévue.

Comme il lui est arrivé souvent, Boileau a donné ici la théorie française telle qu'elle devait rester très longtemps après lui, ne faisant que se développer, s'accuser, s'aggraver, si l'on veut, de plus en plus.

Corneille était dans le ravissement de son dénoûment de *Rodogune*, parce que l'incertitude étant maintenue et redoublée jusqu'au bout, jusqu'à devenir anxiété et angoisse, l'intérêt de curiosité est porté à son dernier terme.

D'Aubignac, à propos des prologues d'Euripide, qui mettent en si vive lumière l'indifférence des Grecs à l'endroit de l'intérêt de curiosité, fait remarquer que « c'est là un défaut très sensible qui est tout à fait contraire à l'incertitude et à l'attente qui doivent sans cesse régner au théâtre et qui détruit tout l'agrément de la pièce, qui repose presque uniquement et exclusivement sur la nouveauté et la surprise ». — Marmontel, malgré le sentiment de Diderot, et dans son journal, ce qui est piquant, insiste à plusieurs reprises sur cette nécessité que l'issue soit inconnue du spectateur.

Voltaire renchérit encore sur les expressions d'Aubignac : « Cette scène est touchante. Elle le serait bien davantage, si Ariane n'était pas tout à fait sûre de son malheur. Il faut toujours faire durer cette incertitude le plus qu'on peut : c'est elle qui est l'âme de la tragédie [1]. »

Tous nos auteurs tombent d'accord en ce point Je ne sais que Diderot qui s'écarte du commun sentiment, mais rien de plus contradictoire, ni de moins digéré que les théories dramatiques de Diderot, ni qui ait eu une moindre influence.

1. Commentaire sur Corneille — l'*Ariane* de Thomas Corneille.

VI

L'intérêt de curiosité remplaçant les autres ressorts dramatiques, voilà le fond de l'art dramatique français et l'âme de notre tragédie. Ce point de vue a tout changé, renouvelé tout. Nous avons vu que l'art de l'intrigue en était la suite immédiate. Notre goût pour les unités, expliqué plus haut par d'autres causes, s'y rattache encore étroitement. Le ressort curiosité nous en a fait une loi. Quand l'intérêt est de curiosité il ne faut pas qu'il se disperse : donc un seul lieu, un temps très court, surtout un seul fait. La curiosité consiste à suivre une action en sa marche, à essayer d'en prévoir la fin, à calculer les probabilités, enfin à voir où l'action aboutit. Dès qu'elle a abouti, la curiosité cesse. — Elle peut renaître le moment d'après. — Sans doute : mais c'est un autre mouvement de curiosité qui commence; ce n'est pas celui de tout à l'heure qui continue. Le sentiment n'est donc plus un. Or, nous ne trouvons d'unité dans l'art, que quand nous trouvons l'unité dans le sentiment que l'œuvre d'art inspire. Une succession d'actions ne nous inspirant qu'une succession de mouvements de curiosité, une œuvre d'art composée d'une succession d'actions, ne nous paraîtra pas une au point de vue de la curiosité.

Il nous faut donc une seule action. L'unité d'action n'est donc pas autre chose que l'unité de curiosité.

C'est bien en effet ainsi que nos théoriciens l'ont comprise. Partout où ils ont écrit intérêt entendez curiosité, partout où ils ont écrit unité d'action entendez unité de curiosité, et leurs considérations deviendront très claires, je dis plus, très justes. — J'ai cité ailleurs l'exemple d'*Horace*, de Corneille. Il est très commode parce que la pièce est d'un Français, que nous sommes bien sûrs de la bien comprendre, et qu'elle est présente à toutes les mémoires. Reprenons-la un instant. C'est devenu une banalité de la critique de dire qu'il y a trois pièces dans *Horace* : *la Victoire d'Horace*, *la Mort de Camille*, *le Procès d'Horace* (Voltaire). — Pourquoi trois pièces? parce qu'il y a trois histoires? Mais non, il n'y en a qu'une, l'histoire d'une famille romaine unie à une famille albaine, pendant la guerre d'Albe et de Rome. Supposez que c'est un roman historique que vous lisez. Vous trouverez tout naturel que l'auteur ne pose la plume qu'après avoir arrêté la destinée finale de tous les personnages. Quelle sera l'unité? L'unité sera l'impression générale de pitié et d'admiration que vous éprouverez pour tant de malheurs, et si héroïquement soufferts. En voulez-vous une plus palpable en quelque manière? L'unité sera le vieil Horace navré de mille coups terribles, inébranlable dans sa vertu patriotique. Elle sera marquée dans ces trois vers qui résument si admirablement ce drame merveilleux :

> Rome, aujourd'hui m'a vu père de quatre enfants :
> Trois en ce même jour sont morts pour sa querelle,
> Il m'en reste encore un. Conservez-le pour elle.

« Pour elle ! » Il ne dit pas : pour moi, pour mes cheveux blancs, pour ma vieillesse veuve. C'est encore pour la patrie qu'il parle, pour cette patrie à laquelle il a tout donné. Mais, la voilà l'unité! L'unité d'*Horace*, c'est l'idée de patrie personnifiée dans un héros!

Seulement nous sommes au théâtre; et pour nous autres Français, l'unité ne doit pas être dans une idée ou dans une impression; elle doit être dans une action. Ce que nous apportons au parterre c'est un sentiment de curiosité. Dès qu'il est satisfait, la pièce est finie. Ainsi à la fin de la scène II du IV° acte, Voltaire dit : « Ici la pièce finit. L'action est complètement terminée. » — Comment? terminée? Et que devient Camille? Il n'importe. Corneille a excité notre curiosité sur la question de savoir qui serait vainqueur. Cette curiosité est satisfaite. Il s'agissait de la victoire, et elle est remportée; du destin de Rome, et il est décidé.

Mais il s'agit précisément de savoir s'il ne s'agissait que de cela ! Oui, pour un Français; car c'est par curiosité qu'il est au spectacle. S'il y a deux, trois objets de curiosité, deux, trois questions, il y a pour lui deux et trois pièces,

VII

De ce sentiment nouveau apporté au théâtre sont nés deux caractères de notre tragédie, qui en sont devenus deux lois : la rapidité et la progression. On conçoit en effet, sans qu'il faille insister, que pour être tenu en haleine, la curiosité a besoin d'une action rapide, pressée, qui ne laisse aucune occasion ou prétexte à la distraction. L'intrigue ne sera donc pas seulement savante et habile, elle sera très serrée, sans relâche, sans rien qui permette à l'esprit de se détendre. Ce que recherchait le spectateur grec, nous le proscrivons. « Tout doit être action dans la tragédie... chaque scène doit servir à nouer et à dénouer l'intrigue, chaque discours doit être préparation ou obstacle [1]. » A plus forte raison l'intérêt (ou curiosité) doit-il aller en augmentant de scène en scène. Car la curiosité s'épuise par son effort même.

1. Voltaire, Commentaire : encore sur *Horace*.

Il lui faut toujours un nouvel aliment et toujours plus fort, une nouvelle excitation, et toujours plus vive.

Les expositions des anciens sont très émouvantes, très mystérieuses, pleines d'intérêt. C'est un tort : « Le théâtre français a peu d'expositions aussi touchantes ; mais en même temps qu'elles sont moins pathétiques, elles sont plus adroites ; car une des premières règles du théâtre est que l'intérêt aille en croissant et après une exposition qui arrache des larmes ou qui saisit de terreur, il est difficile pendant cinq actes de graduer les situations [1]. »

Tel est le caractère nouveau qu'a pris entre nos mains la tragédie. On a vu ce qu'elle a perdu en passant des anciens à nous. On voit par quoi nous avons essayé de combler les vides. Mais la compensation, évidemment, n'était pas suffisante. Une intrigue, quelque savante et adroitement ménagée et habilement graduée qu'elle pût être, était impuissante à remplacer tout ce que nous avions écarté de la tragédie antique. Cela eût été possible, à la condition d'avoir des intrigues très compliquées, où se seraient multipliés incidents et péripéties. C'était en effet une inclination de notre esprit, et souvent nous

---

[1]. Marmontel, au mot Action.

y sommes laissés aller, mais à côté de cela, nous avons le goût du simple et du clair. Nous avons donc en général adopté les intrigues simples, très compliquées à les comparer aux grecques, mais simples encore.

Mais alors comment remplir le cadre de la tragédie avec une intrigue relativement simple, après tout ce que nous en avons ôté?

A vrai dire, là a été notre grand embarras, et bien longtemps et bien souvent nous ne nous sommes pas tirés de la difficulté. Nous avions un moule dont nous avions retiré tout ce qui le remplissait, et que nous tenions à garder, et où nous ne voulions presque rien mettre de nouveau. La tragédie grecque réduite à elle-même, au drame pur, fournit un acte à un poète français. En développant et agrandissant l'intrigue, on peut aller à deux actes ou à trois tout au plus. Comment aller jusqu'à la fin du cinquième? car il est bien entendu, de par *Horace*, qu'une tragédie doit avoir cinq actes, et, à vrai dire, c'est une mesure raisonnable, fondée sur la durée probable de l'attention du spectateur.

L'obstacle étant considérable, l'effort a été immense, pour le vaincre. Osons-nous dire que le plus souvent il n'a pas été surmonté? La plupart de nos tragédies sont trop longues à deux ou trois exceptions près. Voltaire a raison, elles sont trop longues, quoique si courtes, parce qu'elles se calquent sur des drames qui n'étaient riches que d'accessoires, et qu'elles ont retranché l'accessoire sans rien y substituer qu'une intrigue plus détaillée, qu'encore il faut qui soit simple. Mais qu'a-t-on mis à la place de ce qu'on supprimait, et comment a-t-on rempli les cinq actes?

Par cet endroit aussi, nous nous sommes étendus dans le sens des qualités qui nous sont propres, et un penchant particulier de notre esprit nous a fourni une matière de développement presque nouvelle.

VIII

En essayant de caractériser l'esprit français, nous avons dit qu'il était fait de clarté, de logique, de vivacité, et nous venons de trouver l'application de ces qualités dans notre manière de concevoir la composition de notre drame. — Nous avons dit aussi qu'il était fait de raison pratique, que nous aimions enseigner, écrire pour prouver, mettre l'œuvre d'art au service d'une vérité à mettre en lumière. Nous serons donc des moralistes et des philosophes; mais, notons ce point, des philosophes et des moralistes pratiques, regardant moins au charme esthétique de la philosophie et de la morale qu'à leurs applications, et visant moins à l'art qu'à l'enseignement. D'où vient que notre philosophie tend tout entière à la morale et notre morale à l'instruction, ce qui ramène à dire que nous sommes des philosophes pratiques et des moralistes didactiques?

Ces instincts nous les avons portés au théâtre.

De l'habitude de considérer l'œuvre d'art comme un enseignement nous est venue l'habitude de considérer l'œuvre dramatique comme une leçon de morale. De même que Le Bossu estime que le poème épique est un *apologue* et voit dans l'*Énéide* le dessein de « *montrer l'avantage d'un gouvernement doux et modéré sur une conduite dure et sévère* [1] », et définit l'épopée « *un récit destiné à faire éclore une moralité* »; tout de même Marmontel [2] assigne ce but à la tragédie : « *Corriger les mœurs en les peignant.* »; et finit par laisser échapper le même mot que Le Bossu, « *la tragédie n'étant qu'un apologue* [3]... » De même que Mme Dacier définit le poème épique : « *un discours en vers inventé pour former les mœurs, par des instructions déguisées sous l'allégorie d'une action générale et des plus grands personnages* [4] »; tout de même Voltaire voit dans la tragédie une manière de prédication morale destinée à imprimer plus fortement que tout autre les grandes vérités d'application dans l'esprit des peuples. Ceci est l'esprit français luimême. Cette théorie de la tragédie-sermon qui semble appartenir en propre à Voltaire tant il l'a

1. Traité du poème épique.
2. *Éléments,* au mot Tragédie.
3. *Ibid.*, au mot Dénouement
4. Préface de l'*Odyssée.*

marquée de sa forte empreinte, elle est tout entière dans d'Aubignac, plus nette et plus tranchée encore que dans Voltaire : « *C'est en vain qu'on veut porter à la vertu des peuples, les âmes vulgaires et les esprits du dernier ordre, par un discours soutenu de raisons et d'autorités... Ce que ces discours ne sont pas capables de faire, la tragédie et la comédie le font* [1]. »

Nous pouvons remonter plus haut. Tous ceux qui ont écrit de l'art dramatique au xvie siècle sont pleins de ce souci de l'instruction morale qui doit sortir de l'œuvre théâtrale. Les auteurs mettent en belle lumière la *moralité* de leur *apologue* dramatique. Lisez ce titre d'une pièce de Pierre Matthieu : « *Vashi, tragédie.... où l'on verra les tristes effets de l'orgueil et désobéissance, la louange d'une monarchie bien ordonnée, l'office d'un bon prince pour heureusement commander sa puissance, son ornement, son exercice éloigné du luxe et dissolution, et la belle harmonie d'un mariage bien accordé.* »

Nous pouvons redescendre. Cette idée chère aux Français se représentera toujours. Sur ce point l'indépendant Diderot est d'accord et avec Dacier et avec d'Aubignac, et avec Marmontel et avec Voltaire. Il ne s'en distingue qu'en allant plus loin, ayant accoutumé d'aller toujours plus loin que tout

---

[1]. Premier discours, *Du poème dramatique.*

le monde. Il voudrait que le drame fût non seulement un sermon mais... je ne sais comment dire, une sorte de soutenance de thèse : « *J'ai toujours pensé qu'on discuterait un jour au théâtre les points de morale les plus importants, et cela sans nuire à la marche violente et rapide de l'action dramatique* [1] ». Voyez-vous le Français, resté bien Français, quoi qu'on ait dit de sa tête germanique, qui, traçant une théorie dramatique, est très occupé de deux objets, le mouvement scénique et la prédication morale, l'intrigue rapide, « violente », et la dissertation philosophique ; qui voudrait, en un mot, tout d'un temps satisfaire l'intérêt de curiosité et instruire. Les deux penchants principaux de l'esprit français sont bien là, et partant les deux principaux caractères de notre théâtre. — Et c'est une conséquence des mêmes principes qui fait dire encore à Diderot : « *Quel moyen* (le théâtre), *si le gouvernement en savait user, et qu'il soit question de préparer le changement d'une loi ou l'abrogation d'un usage!* » — L'effet pratique de l'œuvre d'art toujours ardemment recherché, jusqu'à risquer de faire descendre l'art au rang d'un instrument de règne, voilà le dernier mot de cette théorie et le dernier terme de ce penchant de notre esprit.

1. *De la poésie dramatique*, 3ᵉ entretien.

IX

Ce penchant se marque dans nos habitudes théâtrales, et dans nos habitudes de critique théâtrale.

Nous avons au théâtre, et presque autant dans la tragédie que dans la comédie, tout un *emploi* que nous désignons par les mots *rôles de raisonneur*. Il nous faut, dans une comédie un peu sérieuse, qu'au milieu des folies et des sottises des autres personnages, il y ait un homme qui représente le bon sens et qui parle la langue de la raison. Dans la tragédie ce sont d'ordinaire les confidents qui ont cet office, et qui, au milieu des passions déchaînées, marquent la ligne droite du devoir, de l'équité, de la vérité morale. C'est que nous avons besoin, nous, spectateurs, d'un interprète de la pensée vraie de l'auteur qui nous explique catégoriquement ce que l'auteur veut dire et veut prouver; car une œuvre d'art doit prouver quelque chose. C'est que nous avons besoin que l'auteur nous donne un enseignement, qu'il ne se dérobe pas, lui et sa pensée personnelle, derrière ses personnages, mais qu'au milieu de ses personnages, sots ou fous, ou échauffés de passion, il se montre lui-même sous le masque d'un acteur, pour nous dire : « Ne vous y trompez pas. Le vrai, le voici ; mon opinion intime, la voici ; la leçon que vous devez remporter d'ici chez vous, la voici. »

Cette habitude n'a rien en soi de choquant ; elle ne peut que risquer de jeter une certaine froideur dans le drame. Mais ce qui peut paraître plus étrange, et ce qui est bien significatif, c'est que ces rôles de raisonneurs, si peu dramatiques, ce semble, sont précisément ceux qui nous ravissent le plus. Ce moraliste que la tragédie ou la comédie mène avec elle pour se donner du crédit dans le monde, c'est lui qui tire à soi les applaudissements et les transports. La chose est d'expérience dans nos théâtres, jusque-là que c'est devenu pour nos auteurs un procédé et un secret du métier pour forcer le succès que de mettre au milieu de leur pièce un professeur de morale.

Notre critique elle-même, qui pourrait être plus circonspecte, ne juge pas autrement que le parterre.

En veut-on un illustre exemple? Je le prends encore dans Voltaire, que j'aime à citer parce qu'il a qualité, je pense, pour représenter l'esprit classique français, et qu'en effet il le résume en lui. Quel sera, pour un homme qui cherche surtout au théâtre des peintures de caractère, le beau, le grand rôle de la tragédie de *Britannicus*? Ce sera, selon ses goûts particuliers, ou Néron ou Agrippine. Ce sont là des caractères, observés avec une étonnante profondeur, peints avec une sûreté et une vigueur incomparables. Voltaire les admire : « *On a démêlé dans le rôle d'Agrippine des beautés vraies et solides; — Le caractère de Néron est regardé comme un chef-d'œuvre.* » Mais où il pousse un cri d'admiration et d'enthousiasme, c'est devant le rôle de Burrhus. — Burrhus est-il à proprement parler un caractère? Du moins ce n'est pas un caractère bien profondément creusé ni éclairé de pénétrantes lumières. C'est l'honnête homme de la pièce, le porte-parole de la raison et de la vérité, le raisonneur haussé au ton tragique. C'est bien pour cela que Voltaire s'écrie : « *On convient que le rôle de Burrhus est admirable d'un bout à l'autre, et qu'il n'y a rien dans ce genre dans toute l'antiquité* ».

Pour un homme habitué à chercher au théâtre des peintures de caractères, quel est le grand rôle de *Polyeucte*? C'est Polyeucte. J'admets que, quand on a, comme Voltaire, des raisons particulières pour cela, on porte à Polyeucte une haine personnelle,

d'homme à homme, et qu'on le considère comme
son ennemi privé. Cela ne devrait pas empêcher de
voir que le portrait qu'en a tracé Corneille est merveilleux ; que Polyeucte, encore que martyr, est un
caractère infiniment curieux, qu'il n'y a rien de
plus dramatique que le mouvement énergique et
héroïque de cette âme qui brise, l'un après l'autre,
d'un effort violent, tous les liens qui l'attachent à
la terre, pour ne plus embrasser que l'idée sublime
(fût-elle fausse) dont il s'est épris. Encore que l'on
n'aime point Polyeucte, on doit reconnaître de tels
traits. Bossuet n'aime pas Cromwell, mais il sait
bien que c'est un caractère de premier ordre. Eh bien,
Voltaire ne voit rien du caractère de Polyeucte. Pour
lui, c'est un « *extravagant ridicule* ». — Il comprendra
au moins le caractère de Pauline, ce développement
si dramatique du rôle, cette âme de femme qui
d'abord lutte contre un ancien amour, l'étouffe par
devoir, puis, en présence de l'héroïsme de l'homme
qu'elle n'aimait que par obéissance, s'étonne d'abord,
s'intéresse, admire, de l'admiration passe à l'amour,
de l'amour au dévouement, et du dévouement au
sacrifice? Pas davantage. Ce qui le frappe, c'est « *la
situation piquante de Pauline* » entre l'ancien amant
qu'elle a aimé et le mari qu'elle n'aime pas. A la
bonne heure! Voilà une idée de pièce. Le specta-

teur est tout de suite en présence d'une situation insoluble, et il se demande comment l'auteur se tirera de là. Et quand il verra Polyeucte partir pour renverser les idoles, il éprouvera « *un secret mouvement de joie* », que Voltaire a toujours remarqué dans le théâtre, espérant que Polyeucte va périr « *et que sa femme pourra épouser Sévère* [1] ». Toute la pièce est là ; car il n'y a que cela qui soit combinaison dramatique, intrigue *piquante* et qui excite l'intérêt de curiosité.

Et pour ce qui est des caractères ? Eh bien ! le caractère intéressant ce sera celui de Sévère. Sévère est l'homme sage, à opinions moyennes et à passions tempérées, *ce qu'il faut être* dans le monde ordinaire, **au** train quotidien de la vie ; il est cet interprète de la raison pratique dont nous parlions plus haut, « *un peu passif et spectateur lui-même, truchement entre la scène et la salle qui moralise sur ce qu'il voit et donne par son avis le ton au jugement du spectateur* [2] ». Rôle de raisonneur élevé et digne de l'ensemble. — Pour Voltaire c'est le rôle sublime. « *L'extrême beauté du rôle de Sévère* » le transporte. C'est Sévère qui est « *le héros* » et Polyeucte n'est que « *le mari qui n'est point le héros* », et « *un des plus*

1. Commentaire, *Polyeucte*.
2. Sainte-Beuve, *Port-Royal*, t. II, chap. vi.

beaux endroits de la pièce » est celui où Sévère cause assez froidement, ce nous semble, avec son confident, de la politique à tenir à l'endroit des chrétiens ; tandis que le sacrifice de Polyeucte laissant Pauline à Sévère est « *une espèce de bassesse* », quelque chose « *d'étrange, de ridicule et de froid* ».

Mais ce sont là des erreurs et des exagérations de Voltaire. — Non pas seulement de Voltaire. Dacier tient le même langage. Il attribue tout le succès à la situation de Pauline et de Sévère l'un en face de l'autre, « opinion assez générale », ajoute Voltaire. — Un siècle avant, Saint-Évremond ne parle pas autrement : « *Ce qui eût fait le plus beau sermon du monde faisait une misérable tragédie si les entretiens de Pauline et de Sévère, animés d'autres sentiments et d'autres passions, n'eussent conservé à l'auteur la réputation que les vertus chrétiennes de nos martyrs lui eussent ôtée* [1] ». Ici encore on voit au plus clair les deux penchants signalés déjà de l'esprit français s'appliquant au théâtre. Dans *Polyeucte* deux traits le frappent : une situation, un rôle de moraliste : la situation, voilà pour la curiosité ; le moraliste, voilà pour la raison pratique.

[1]. Saint-Évremond, *Du poème dramatique.*

X

De ce goût d'enseignement moral sont venus deux caractères de notre tragédie, son caractère sentencieux et son caractère oratoire. Maximes et discours, voilà précisément ce que nous avons versé à grands flots dans l'ancien moule de la tragédie que nous avions à peu près vidé. Cela était naturel, vu notre tournure d'esprit; inévitable, vu notre manière de composer le drame.

Aussi avons-nous rempli nos tragédies de sentences, de pensées et d'apophtegmes. Ce penchant s'est marqué d'abord et s'est maintenu toujours. Nous n'avons pas besoin de choisir tel ou tel moment de notre littérature pour le saisir où il triomphe. Il règne continuellement. Ouvrez au hasard Robert Garnier, Corneille ou Voltaire, les vers-sentences, les vers-maximes, les vers destinés à devenir proverbes, vous frapperont au premier regard. Toute la différence est que Garnier et les autres du XVIe siècle les mettent entre guillemets pour les mieux recommander à l'attention. Mais, mieux que par des guillemets, Corneille nous les recommande par un soin de style tout particulier. Ces vers-là chez lui se détachent avec un relief puissant, une vigueur en quelque sorte impérieuse. C'est la voix du poète qui s'élève à travers le drame et crie la vérité au monde. C'est ce que Diderot indique avec une impertinence spirituelle quand il dit que le plus souvent Émilie, Sévère sont « *les sarbacanes de Corneille* ». — Pour moi, quand j'entends ces passages au théâtre, il me semble toujours que l'acteur s'écarte de son interlocuteur, sort de la pièce, et se tourne vers moi pour me donner un conseil salutaire et une bonne leçon, quitte à rentrer dans la pièce ensuite. Au fond cela est vrai ; et il est vrai aussi que cela ne nous choque que très peu, si l'on excepte ceux à qui le goût de la critique a donné le triste privilège de chicaner sur leur plaisir.

La preuve en est que Voltaire, quand il est critique, s'efforce d'être choqué de ce défaut, et le reproche à Corneille avec son amertume ordinaire. Mais, dès qu'il est auteur, il s'y abandonne avec la complaisance que l'on sait, et passe bien Corneille en abus de maximes, de sentences et de moralités. — De même Diderot, soit qu'il juge Corneille, soit qu'il exécute

Belloy, déclare ne pouvoir souffrir des personnages qui s'analysent eux-mêmes et définissent leur vertu, pour l'enseigner, en moralités : « *Un brave homme ne dit pas : « Messieurs, regardez-moi bien, écoutez-moi; car je suis brave et je le suis beaucoup ». Mais il parle, il agit, et moi je dis : Voilà un brave homme* [1]. » Mais aussitôt qu'il prend la plume, il n'est pas de théâtre plus sentencieux et plus surchargé de leçons de morale que le sien.

Il y a même ceci de curieux que c'est au moment où le goût de la rapidité dramatique s'accuse le plus, que le goût des moralités s'aggrave davantage. Ces deux goûts semblent contradictoires; ils le sont. Le xviiie siècle les concilie, ou plutôt ne s'aperçoit pas qu'ils se devraient mutuellement exclure. Ces moments d'arrêt où le drame sommeille, et que les Grecs aimaient si fort, nous les connaissons aussi, malgré nos penchants contraires. Mais les Grecs se les ménageaient pour chanter, pour rêver ou pour raconter. Nous nous les ménageons pour moraliser. L'action chez eux s'arrête pour laisser passer l'ode, la méditation ou le fragment épique, **chez nous pour** laisser passer la leçon morale.

1. Lettre à Grimm, 1er avril 1765.

XI

Tout le caractère oratoire de la tragédie française, si manifeste, et qui a frappé tous les yeux, s'explique de même.

La raison pratique, qui est notre fond, nous a donné l'esprit didactique, et l'esprit didactique nous a faits orateurs. La raison pratique se fortifiant de méthode est devenue raison oratoire et la raison oratoire, aux mains de l'homme de génie, est devenue raison éloquente. L'homme qui parle en vue de l'application pratique de ses paroles s'attache à enseigner; l'homme qui veut enseigner s'attache à prouver; l'homme qui s'attache à prouver est un orateur, ou le devient. Nos tragiques sont des professeurs de morale qui ont du génie; nos tragiques sont des orateurs de premier ordre. — Et, notez bien, des orateurs méthodiques. En éloquence l'esprit a son ordre, le cœur a le sien. Celui-ci n'est pas, généralement, celui de nos tragiques. Ces personnages, passionnés pourtant, exposent leur passion avec une suite ordonnée et logique, une méthode sûre, quelquefois un appareil oratoire qui sent l'école. A ce dernier point, il y a défaut sensible, dont nous sommes choqués. En deçà nous admettons, et ne sommes point contrariés dans notre émotion par ce procédé qui répond à nos secrets instincts.

Il ne faut pas dire pour cela que nous soyons une race de rhéteurs. *C'est peut-être tout le contraire.* Le rhéteur est un artiste (puisque c'est un Grec) qui jouit du bien dire parce que le bien dire est un art, un art charmant qui a sa beauté propre; et qu'un raisonnement bien fait, où qu'il mène, est chose élégante. C'est pour lui-même que le rhéteur l'admire. Ce que nous aimons, nous, c'est une suite de raisons bien déduites qui nous mène à une idée nette. C'est le talent propre de nos tragiques considérés comme orateurs. C'est la source d'un des plaisirs les plus vifs que nous ayons au théâtre.

D'autres ont mis dans la tragédie des effusions lyriques ou de magnifiques récits parce qu'ils aiment voir l'homme prier, chanter, raconter et décrire, et sont passionnés pour la poésie pure ; — d'autres y ont mis des transports de passion et de sensibilité ardente, parce qu'ils aiment voir l'homme vivre de toute sa vie véhémente et fougueuse, et sont curieux de vérité, de réalité palpitante ; — nous y avons mis des leçons de morale et des discours bien conduits, parce que nous aimons voir l'homme penser, raisonner, déduire, et que nous sommes amoureux des idées claires.

Notre tragédie s'est donc faite d'intrigues bien conduites, de leçons morales élevées, de discours bien faits et éloquents. — Mais encore, dans toute pièce historique, si peu soucieux que soit le spectateur d'histoire et de peintures de caractères, il y a des personnages historiques; c'est-à-dire qu'il faut à l'auteur, en si petite mesure que l'on voudra, mais en une certaine mesure, le sens psychologique et le sens historique.

Qu'ont donc été nos tragiques et comme psychologues et comme historiens?

XII

Nos auteurs ont eu une psychologie; ils ont tracé des caractères. Mais leur manière de peindre s'est réglée, comme il était naturel, sur leur manière d'entendre le théâtre. Les deux penchants signalés plus haut, goût d'enseignement moral, amour de la rapidité dans l'action, ont eu leur effet sur leur méthode psychologique. Ils ont voulu une action courte, rapide, unique. C'était s'interdire les grands développements de caractère, prolongés, détaillés, où l'on poursuit curieusement et patiemment l'anatomie minutieuse des sentiments profonds.

Il est difficile qu'un caractère se modifie dans le courant de vingt-quatre heures. Il est ébranlé, secoué par les événements extérieurs, il en reçoit le coup, il réagit sur eux; mais il reste sensiblement le même. Il est une force luttant contre d'autres forces, ce qui est dramatique, mais il reste une force simple. De modifications, grandes du moins et profondes, il n'en éprouvera point.

Nos critiques classiques se moquent spirituellement des drames où tel acteur, enfant au premier acte, est barbon au dernier. C'est pourtant là un assez bon moyen de montrer dans toute sa suite l'histoire d'une âme, et comment en elle ont germé, se sont fortifiés et accrus, se sont étalés enfin de manière à tout étouffer, tels instincts, tels sentiments et telles passions.

N'allons pas jusque-là, je l'admets. Tout au moins reconnaissons que ce n'est pas dans l'espace d'un jour que l'auteur dramatique pourra nous montrer la formation d'un caractère. Que reste-t-il ? Qu'il nous le montre tout formé dès le début du drame, tel au premier acte qu'il sera au dernier, c'est-à-dire, ce qui est assez naturel, tel aujourd'hui qu'il sera demain matin à la même heure. Ce sera une force agissante dont l'auteur nous aura donné tout d'abord la formule et qui ira à travers le drame rencontrant des obstacles, surmontant les uns, arrêtée par les autres, succombant enfin devant le dernier, ou en triomphant.

La plupart de nos caractères tragiques sont en effet conçus ainsi. A vouloir les former autrement, en respectant les règles de notre théâtre classique, on rencontre des difficultés inouïes, dont il est très rare que nos meilleurs tragiques soient sortis à leur honneur.

Remarquez que cette manière de concevoir les caractères, non seulement est imposée à nos auteurs par les nécessités matérielles du théâtre classique, par les unités de temps et de lieu, mais encore est tout à fait conforme à l'esprit même de notre théâtre.

Si le fond de notre émotion dramatique est l'intérêt de curiosité, l'attente du dénouement, qu'avons-nous besoin de la peinture détaillée d'une formation de caractère? Elle nous est une gêne au contraire. Car avec des caractères qui se forment et se développent sous nos yeux, l'action ne se poursuit pas d'un mouvement continu, courant au but. Elle s'arrête et recommence à chaque instant. Autrement dit, il y a *une suite d'actions*, et l'intérêt de curiosité disparaît. Il nous faut donc des caractères tout formés, et nettement marqués dès la première heure, et qu'on ne perde pas trop de temps à nous peindre; car vite nous voulons que commence l'action, c'est-à-dire la lutte de forces bien connues, et il n'est pas mauvais qu'elle ait commencé dès le premier acte. — En cela nous nous rapprochons de la tragédie grecque, en nous éloignant de la tragédie anglaise. Comme les Grecs nous prenons dans une âme humaine une force simple que nous donnons comme le caractère tout entier, écartant le reste, et cette force, une fois connue du spectateur, reste, telle qu'il la connaît, jusqu'à la fin.

XIII

Autre cause, aboutissant au même effet, ou très analogue : notre goût d'enseignement moral.

Nous sommes des moralistes. Donc, va-t-on dire, nous aurons penchant à être des psychologues, à observer les secrets de l'âme, et partant, à montrer un caractère sous toutes ses faces et dans tous ses replis. Nous voilà sur la pente du théâtre anglais. — Il faut distinguer. Il y a deux manières d'être moraliste. On peut l'être par imagination ou par logique, en poète ou en dialecticien. Un caractère se forme dans l'esprit de l'auteur soit par une sorte d'intuition puissante que donne le sentiment profond de la vie, soit par une suite rigoureuse et précise de déductions logiques. Il est bien certain que le point de départ est toujours un fait d'observation. Seulement c'est à compter de ce point de départ que poète et dialecticien prennent des routes différentes.

Le poète observe un trait de caractère. Ce qui est ébranlé en lui, ce n'est pas ses facultés de raison, abstraction, généralisation, raisonnement ; c'est son imagination. Autour de ce trait de caractère observé, par suite d'un travail intérieur fort obscur, au fond duquel il y a ce que j'appelle le sentiment de la vie, viennent se grouper une foule d'autres traits qui ne sont pas toujours analogues, qui peuvent être contradictoires en logique, mais dont l'ensemble forme un être vivant, parce que ce qui les relie entre eux ce n'est pas un rapport logique, c'est le sens de la réalité, l'intuition sûre et puissante de ce qui est. C'est ainsi que prend vie dans l'esprit d'un poète un personnage complet, c'est-à-dire complexe, d'une réalité variée et profonde, qui peut nous montrer successivement plusieurs côtés de son caractère, si profond parfois et si ample, qu'on n'en a jamais fait le tour, et qu'on ne l'épuise jamais.

Le dialecticien observe un trait de caractère. Ce qui est ébranlé en lui ce n'est pas son imagination, c'est ses facultés de raison. Il abstrait, il généralise, il raisonne. A-t-il observé un trait de jalousie? Cette observation le conduira à se demander ce qu'est la jalousie, en quoi elle consiste. Quand il l'aura démêlé, il voudra savoir ce que ce sentiment comporte, quelle suite logique il doit avoir, et, très curieusement, il suivra la série prolongée des conséquences diverses qui découlent de la jalousie comme de leur source. Admettez que, par caprice, ou par la facilité de sa déduction, qui, en effet, en sera plus claire, au lieu de dire *la jalousie*, il dise *le jaloux*, supposant un homme dont le caractère est la jalousie. Le raisonnement sera le même, avec cette seule différence que la jalousie aura un nom propre et que toutes les conséquences logiques de la jalousie seront des sentiments, des paroles et des actes.

Cependant, au lieu d'une simple étude de logique, voilà un personnage qui vient de naître. Mais qui ne voit que ce personnage est, exactement et littéralement, un être de raison, d'une existence tout idéale, une abstraction en un mot, fort bien composée à coup sûr, mais qui peut très bien n'avoir pas le caractère de la réalité, ne pas vivre? Il est l'œuvre d'un moraliste logicien et non d'un moraliste poète. Il est l'œuvre d'un moraliste didactique et non d'un moraliste créateur, d'un moraliste qui expose, qui déduit, qui explique, en un mot qui enseigne, non d'un moraliste qui imagine, qui invente, qui produit, en un mot qui crée.

Eh bien, nous autres Français, nous sommes avant tout des logiciens, des esprits nets, méthodiques, qui aiment à exposer et à enseigner. Nous sommes des moralistes didactiques.

Il en résulte qu'au théâtre nous procédons comme les moralistes de profession, comme un La Bruyère ou un Vauvenargues. Nous ne créons pas des êtres vivants. Nous donnons des noms à des abstractions, qui ne se tiennent debout que par la force du raisonnement. C'en est une, mais artificielle. Elle nous suffit très bien et même nous ravit. Car c'est partout plutôt la suite des idées qui nous plaît, que l'ensemble riche et puissant de la vie.

Il en va de la composition d'un caractère comme de la composition du drame lui-même. Comme nous voulons qu'un drame soit une construction logique dont les prémisses contiennent la conclusion, pareillement nous voulons qu'un caractère soit un enchaînement d'idées justes s'appelant et se soutenant les unes les autres, et allant jusqu'au bout de leurs conséquences.

Ainsi avons-nous rempli notre littérature dramatique de types plutôt que de personnages, de vérités plutôt que de réalités, et d'idées plutôt que d'êtres.

Veut-on, par un moyen pratique, saisir très facilement la différence? La pierre de touche c'est la facilité plus ou moins grande de l'analyse. Quand un personnage de drame n'est qu'une idée abstraite, il s'analyse et se définit en deux lignes. Étant une idée, on lui trouve facilement sa formule nette, précise, complète. Quand le personnage est un être vivant, il ne se définit plus; il faut le peindre. On s'épuise à vouloir le faire entrer dans une formule. Par mille côtés, par mille saillies, il la dépasse et s'en échappe. Il faut des pages pour en donner une idée qui en approche. C'est que, sorti de l'imagination, c'est à l'imagination qu'il parle, tandis que l'autre, sorti de la raison, peut s'exprimer aux yeux de la raison par une idée simple.

Or *la plupart* de nos personnages de drame français peuvent rentrer dans une définition courte et y tenir tout entiers ; la plupart des personnages de drame anglais demandent un effort d'imagination pour les peindre seulement dans leurs principaux traits. Suffirait-il de dire qu'Hamlet est le mélancolique, Macbeth l'ambitieux, Antoine le voluptueux, Falstaff, même, le goinfre? Et ne suffit-il pas presque de dire que Rodrigue est le généreux, Horace le patriote, Sévère l'honnête homme, Émile le tribun, Hermione l'amoureuse, Andromaque l'amoureuse posthume, Athalie le tyran, Iphigénie la princesse bien élevée? Des caractères tout formés et qui n'évoluent pas sous nos yeux, voilà ce que nous avons voulu par goût de rapidité dans l'action ; des caractères qui sont des idées abstraites, voilà ce que nous avons accepté par amour des idées claires et tournure d'esprit didactique [1].

1. Comparez toutes ces réflexions à une page de Nisard (discours en réponse à M. Ponsard à l'Académie française) qui en partie confirme, en partie contredit ce qui précède.

XIV

Il en va de notre sens historique au théâtre comme de notre psychologie dramatique. Nous ne cherchons guère dans l'histoire que des *situations*. Ceci est le premier penchant national que nous avons signalé, le goût de l'intrigue fortement nouée.

Feuilletant l'histoire pour en tirer des drames, nous courons au fait, au fait illustre et frappant, plutôt qu'aux caractères ou à l'époque caractéristiques. Le souci de nos tragiques cherchant un sujet semble être de chercher un cinquième acte. Car pour un peuple où l'intérêt de curiosité a le pas devant tout le reste, le cinquième acte est le fond et comme le tout de la tragédie. Ce qui y mène en sort, par un effort de travail logique.

Aussi voyez-les à l'œuvre.

Une princesse amoureuse des choses de théâtre cherche un sujet de pièce. Quel sujet trouve-t-elle? *Marius*, qui est un caractère et qui est une époque?

Jeanne d'Arc, qui est l'âme de tout un peuple? Non. *Bérénice*, qui est une « situation piquante » et donne un cinquième acte, *invitus invitam*, et deux caractères, sans développement, sans richesse, sans profondeur. Il suffit pourtant. Et elle a raison, et la pièce va aux nues, et il n'est pas un Français qui ne la trouve charmante, encore qu'un peu vide. Mais vide de quoi? D'action. Le reste en vérité ne nous importe que médiocrement.

Il est tel sujet où les Français reviennent toujours comme d'habitude prise et de mouvement naturel toujours renaissant, *Sophonisbe*. Il y a dix-sept ou dix-huit *Sophonisbe* dans notre littérature dramatique.

Nos auteurs se laissent toujours séduire à cette tentation, malgré les échecs répétés. C'est peut-être le sujet qui est pour s'accommoder le moins aux lois étroites de notre système dramatique. Resserré dans les limites rigoureuses de nos unités, il devient inintelligible. Pour faire comprendre les sentiments qui poussent les personnages, il faudrait les longues préparations que notre manière d'entendre le théâtre ne permettent pas. Il faudrait habituer l'esprit du spectateur à l'idée de ces mœurs africaines (?) qui admettent qu'une femme passe en un jour des bras d'un époux aux bras d'un autre. Il faudrait fortement graver dans le souvenir du spectateur l'idée de ces tempéraments barbares prompts à la passion sensuelle, pour qu'il ne s'étonne point de voir Massinissa si vite séduit par Sophonisbe. Il faudrait enfin mettre en plein jour le caractère énergique à la fois et peu délicat de cette femme qui est toute haine, et qui, au service de sa haine légitime contre l'oppresseur, n'hésite pas à mettre la puissance de ses charmes, sa beauté, ses promesses et ses caresses irritantes. — Et quand toutes ces préparations qui s'accommodent si peu de la rapidité que nous exigeons dans l'action, auront été ménagées, il restera encore un sujet qui ne nous plaira pas, parce que nous voulons aimer quelqu'un dans un drame, et espérer pour lui parce que nous l'aimons. Or nous n'aimerons jamais Sophonisbe telle que je viens de l'esquisser.

Voilà donc un sujet qui conviendrait plutôt à la tragédie anglaise, où entre si facilement l'étude historique, qu'à notre tragédie. Et cependant c'est un sujet qui nous tente. C'est qu'il se montre d'abord à nos imaginations comme une situation piquante, et comme une action rapide. Sophonisbe entre Syphax, vivant encore ou à peine mort, et Massinissa, quelle situation! Massinissa entre ses serments d'allié des Romains et sa passion d'amoureux, quelle situation! Et la coupe empoisonnée, et la mort de Sophonisbe, et celle de Massinissa, au besoin, quel cinquième acte!

Si à cela vous pouvez ajouter de brillants développements de moraliste, de fortes et belles tirades sur les grands sentiments éternels de l'humanité, amour de la patrie, passion du devoir, amour maternel; si vous trouvez pour les exprimer un héros généreux et noble, un *Régulus*, un *Nicomède*, un *Rodrigue*, une *Andromaque*, une *Mérope*, vous aurez contenté le second instinct national signalé plus haut, le goût de grandes leçons morales éloquentes; et vous aurez rencontré tout ce que les Français demandent d'ordinaire à l'histoire pour fournir de matière à leurs tragédies.

XV

Voilà considérer la tragédie française d'une manière étroite et bien incomplète. Eh quoi! Une intrigue forte et variée, une logique sévère, une action rapide, de belles leçons morales, de beaux discours; des caractères tout d'une pièce et tout abstraits, c'est là toute la tragédie française! Jamais nos tragiques n'ont été plus loin, plus haut, ni surtout plus profondément?

— Si vraiment! et j'ai trop tardé à le dire. Tous ces penchants et toutes ces facultés de notre race dont s'est fait notre système dramatique, nos hommes de génie, très rares, les ont eus, parce qu'ils étaient Français; mais ils en ont eu d'autres, parce qu'ils avaient du génie.

C'est une règle générale que les hommes de génie s'accommodent au système littéraire de leur pays et de leur temps, et le dépassent; mettent en leurs ouvrages l'esprit de leurs concitoyens et contempo-

rains, et vont plus loin que lui; d'où vient qu'ils
durent plus. C'est par ce qu'ils font passer en leurs
écrits de l'esprit de leur temps qu'ils plaisent à leur
temps; c'est souvent par ce qu'ils ont mis par sur-
croît, et qui, en leur temps, n'a pu plaire, qu'ils
plaisent et à d'autres temps et à d'autres peuples.
Nous avons, au XIXe siècle, une manière de comprendre Molière souvent bien différente de la façon
dont l'entendaient ses contemporains. Nous ne l'en
admirons et chérissons pas moins. Rien ne prouve
plus sa grandeur, inépuisable, en quelque sorte, en
quelque sens qu'on s'efforce à la pénétrer.

De même nos tragiques ont, certes, quelquefois
dépassé le cercle d'idées dramatiques où les enfer-
mait l'esprit de leur race, où les ramenait d'ordinaire le leur propre.

Mais rien, ce me semble, ne confirme plus la règle
que ces exceptions, et je crois qu'il est important et
aisé d'établir, d'abord que c'est là des exceptions;
ensuite, qu'à vouloir étendre les bornes ordinaires
de l'art dramatique français, nos auteurs de génie
ont trouvé des obstacles et des gênes infinies; enfin,
ce qui prouve plus que tout le reste, que le public,
ni même la critique, ne les ont suivis dans ces ten-
tatives.

Ce qui n'appartient pas en propre à la tragédie

française, d'après ce que nous avons observé plus haut, c'est d'abord le mélange de l'épique et du lyrique dans le dramatique. Nous ne reviendrons point là-dessus. N'avons-nous pas assez dit que, de plus en plus, jusqu'à l'essai, très incomplet, très maladroit et assez malheureux de la poésie romantique, le goût général avait écarté ce mélange? — C'est ensuite le sentiment puissant de la vie produisant des caractères complexes, riches, profonds, se formant *et se modifiant* sous nos yeux. — C'est enfin l'étude historique, faisant passer sous nos yeux et laissant dans nos esprits le tableau de toute une époque.

Ces deux derniers traits, où les trouvons-nous dans toute l'histoire de notre théâtre?

Dans cinq ou six tragédies à peine. Quand nous aurons nommé *Polyeucte*, *Cinna*, *Horace*, *Britannicus*, *Athalie*, peut-être *Mithridate*, nous chercherons en vain sans trouver autre chose que les qualités propres de notre théâtre poussées à un degré plus ou moins grand de perfection. Oui, dans ces pièces, nos auteurs ont eu le souci de nous présenter non pas seulement des *caractères*, mais des êtres vivants, d'une vie riche et puissante, se transformant sous nos yeux, complexes, en un mot, et variés (*Polyeucte*, *Cinna*, *Britannicus*), — ou de nous peindre une époque, un peuple, un véritable état historique

(*Polyeucte*, *Horace*, *Britannicus*, *Athalie*), — ou d'atteindre à la fois à ces deux buts élevés de l'art (*Polyeucte*, *Britannicus*).

Mais remarquons d'abord à quel point ils ont été gênés dans leur dessein. Sans doute *Cinna* nous présente un développement de caractère, et l'un des plus beaux qui soient au théâtre. Ce proscripteur, cet usurpateur acharné à la conquête du pouvoir, puis dégoûté dès qu'il en jouit; puis, en présence du péril, se réveillant proscripteur et bourreau, rêvant nouveaux massacres et nouvelle terreur; et, tout en même temps, pliant sous le poids trop lourd d'une cruauté qui se lasse et qu'il ne peut arrêter, et déjà assailli de remords qui sont un commencement et d'expiation et de retour à la vertu; puis, déjà grand, mais cruel encore, mettant sa vengeance et la savourant dans la confusion prolongée savamment de son rival; enfin, d'un dernier et terrible effort, s'élevant jusqu'à la clémence sans phrases, jusqu'au pardon simple et tranquille, et désormais gardant le pouvoir; car pour la première fois il y a trouvé ce par quoi il vaut : quel tableau riche et puissant d'une âme entière, quelle psychologie, non pas abstraite, cette fois, mais profonde et vivante, et qui pénètre en tous les sens, et qui éclaire toutes les profondeurs!

— Mais cependant, je le dirai quoi qu'il m'en coûte, est-il vrai qu'il n'y ait rien de manque en ce tableau? Il est complet; mais est-il abondant? Est-il fait de ces mille traits caractéristiques, de ces mille détails, tous vifs, tous frappants, tous qui peignent, dont Shakespeare a eu le secret, sans nous l'apprendre? Non, il est formé de grands traits, de larges touches. En quatre scènes Corneille a indiqué les quatre *moments* essentiels de l'évolution du caractère. Mais entre ces moments, ce me semble, il reste des vides que c'est à notre imagination de remplir.

Art puissant, sûr de lui, magistral, mais pourquoi si discret? Parce que l'action, l'action matérielle, où nous tenons si fort, languit pendant ces peintures; parce que l'attention du spectateur eût été refroidie, si elles eussent été multipliées; parce que Voltaire trouve *trop long* ce monologue : « *Ciel, à qui voulez-vous désormais que je fie...?* » parce que si Corneille s'était étendu en ce sens, au lieu de se restreindre, la pièce fût tombée.

J'ai analysé ailleurs le rôle de Pauline tel que nous l'entendons de nos jours. On a pu voir que Corneille, là aussi, a décrit une évolution de caractère. Pauline passe de l'amour de Sévère au respect du devoir conjugal, du devoir à l'étonnement en présence des témérités héroïques de son mari, de l'étonnement à l'admiration, de l'admiration à l'amour. Voilà ce que nous voyons dans Pauline. Mais ces changements successifs ne sont qu'indiqués dans Corneille, et d'un trait si léger quelquefois, que nous sommes parfois tentés de croire, qu'en entendant ainsi des choses, nous y mettons un peu du nôtre. Il n'est pas absurde de prétendre que Pauline n'aime jamais son mari, qu'elle n'est que *devoir* dans toute sa lutte pour arracher Polyeucte au supplice, puis sacrifice, par coup de la grâce. A la vérité, dans cette explication, le « *Ne désespère pas une âme qui t'adore* » et le « *Mon Polyeucte touche à son heure dernière* » ne se comprennent plus guère. Mais encore, si cette interprétation rapetisse le rôle de Pauline, si elle est étroite, elle ne laisse pas d'être spécieuse.

Pourquoi cette incertitude est-elle possible? Ce n'est pas maladresse de Corneille, c'est que dans notre système tragique rien n'est plus difficile que de peindre un caractère en toutes ses transformations successives, au cours, disons mieux, au courant de l'action.

On ferait des remarques analogues sur *Mithridate*. On arriverait sans doute à demeurer d'accord que, si *Mithridate* est bien un caractère complexe, que, si Racine a bien réussi à peindre en lui le héros avec ses faiblesses, le vieillard jaloux en même temps que le roi vaincu, mais indomptable; encore est-il que le tableau manque d'ensemble, que les deux traits du caractère de Mithridate sont juxta posés plutôt que fortement unis et mêlés, qu'enfin le rôle n'offre pas cette puissante unité dans la variété dont *Cinna* nous a donné un si merveilleux exemple.

XVI

Nos hommes de génie ont aussi été historiens dans la tragédie. Mais avec quelles difficultés ! La gêne ici est plus forte encore que tout à l'heure. Ce qui fait, dans la tragédie grecque et dans la tragédie anglaise, que l'époque vit sous nos yeux, c'est que le peuple a un rôle dans le drame. Il n'en a pas été ainsi dans la tragédie française. Le public ne permettrait pas qu'il parût en un ouvrage si noble. Ceci n'est rien. Il permettrait encore moins qu'il interrompît par ses bavardages le cours de l'action. Le peuple est représenté dans *Polyeucte* par Stratonice. Sa tirade contre les chrétiens au troisième acte « *fait toujours un peu rire* », dit Voltaire. Jugez de ce que serait une conversation entre hommes du peuple, ou vétérans d'Octave ou d'Antoine !

Cette absence du peuple est souvent bien sensible. *Athalie* est une très belle tragédie historique, bien que ce ne soit pas là son plus grand titre de gloire. Mais n'est-il pas étrange que, dans une conspiration religieuse, tout se passe entre la caste sacerdotale, l'armée et le pouvoir? Joad, Abner, Athalie, voilà les trois forces en présence. N'en manque-t-il pas une nécessaire à tout changement politique, et en dehors de laquelle il est étonnant qu'une révolution s'accomplisse?

Voilà une première raison de notre infériorité en matière de drame historique.

Il en est une autre qui tient plus encore à notre entente du théâtre. Pour qu'un drame historique soit vraiment complet, il me semble qu'il y faut un assez grand nombre de personnages. C'est dont s'accommode fort peu et notre légèreté d'attention et notre amour de la simplicité. Voyez *Horace*. On y saisit fort suffisamment l'esprit de la Rome primitive. Comparez à *Coriolan*. Quelle différence! C'est que Shakespeare a multiplié les personnages, voulant nous donner non pas seulement une idée nette et simple, mais la pleine sensation de la vie d'un peuple. La différence des procédés est toujours la même, qu'il s'agisse de peindre un caractère ou une époque. Outre-Manche une foule de traits précis et frappants dont l'ensemble a la complexité et la variété de la vie; ici quelques larges touches qui laissent dans l'esprit un petit nombre d'idées claires.

De tout ceci il résulte que la tragédie française ne réussit guère à peindre une époque *que quand une époque tient dans l'enceinte d'un palais*. Le cas se présente ; et alors nous n'avons rien à envier à personne. Tout à l'heure nous faisions une légère réserve à propos d'*Athalie*, époque historique peinte dans le cadre peut-être restreint d'un temple. Pour *Britannicus* nous n'avons plus de réserve à faire. Racine fait l'histoire de la Rome césarienne, comme l'a fait Tacite. Pour le poète comme pour l'historien, l'histoire de Rome, c'est l'histoire du Palatin. — On pourrait en dire autant à peu près de *Nicomède*. Dans ce genre de sujets nous triomphons pleinement ; mais ils ne laissent pas d'être assez rares.

XVII

Telles sont les difficultés qu'ont rencontrées nos auteurs, quand leur génie les a entraînés au delà des bornes tracées par l'esprit classique français, à faire œuvre de vrais moralistes et de vrais historiens. On voit combien je suis d'avis qu'ils en ont rarement triomphé. Mais quand ils en triomphent, j'ose dire, et je suis bien fier de le proclamer, qu'il n'y a rien dans tous les théâtres qui vaille alors la tragédie française. Toutes les difficultés se tournent alors en avantages. Forcé de présenter son développement de caractère en un espace de temps restreint, le poète lui donne un relief extraordinaire, les lignes en sont marquées et se détachent avec une netteté et une vigueur incomparables.

Le rôle d'Auguste dans *Cinna*, sauf les réserves que j'ai cru devoir faire, en est un exemple. Le rôle de Néron dans *Britannicus* est la plus prodigieuse peinture psychologique que je connaisse. Dans cette journée de vingt-quatre heures, de dix peut-être, l'auteur a si bien pris ses mesures que tout Néron passe devant nos yeux : depuis l'enfant vicieux et lâche qui tremble devant sa mère en s'excitant à la braver; depuis l'amoureux sensuel mêlé de despote méchant qui adore les pleurs qu'il fait couler; depuis l'histrion vaniteux et fat qu'on pousse au crime en humiliant son amour-propre d'artiste, jusqu'à l'assassin hypocrite et froid qui tue en souriant; jusqu'au parricide tranquille qui rêve le meurtre de sa mère en laissant tomber sur elle, nonchalamment, quelques mots d'ironie glacée.

On s'étonne que tant de choses, et j'en oublie, aient pu tenir en cinq actes, et l'on remarque que c'est justement parce qu'elles sont ainsi ramassées, sans se confondre, et sans qu'une seule soit sacrifiée, qu'elles sont d'une si grande puissance et laissent dans l'esprit une impression ineffaçable. A force de génie, le poète, de gênes a fait des appuis, et trouvant le moyen de concilier les avantages des systèmes dramatiques les plus divers, est arrivé au comble de l'art.

Mais ce sont là des exceptions, et ici se montre le mieux le tour de notre esprit en choses de théâtre, des exceptions qui ne sont goûtées que tardivement, et quand les habiles ont imposé à la foule le résultat de leurs réflexions. Toutes les tragédies que nous avons citées comme des exemples de la puissance qu'ont eue nos tragiques de génie de dépasser le cercle restreint de notre système dramatique, ont été contestées en leur nouveauté, et c'est, en quelque manière, l'indifférence du public du temps qui nous les désigne.

C'est une loi presque sans exception que les études d'histoire au théâtre ne réussissent pas en France. *Athalie* a été méprisée pendant un bon demi-siècle. *Britannicus* a été un échec, *Polyeucte* a été contesté, l'on sait à quel point. *Cinna*... *Cinna* a réussi; mais dans les pièces historiques qui réussissent ce n'est pas la partie historique qui réussit. Ce que Saint-Évremond admire dans *Cinna*, c'est Émilie, l'âme vraiment romaine, le caractère tout d'une pièce, tout rigide parce qu'il est tout abstrait. La Feuillade dit le mot du temps quand, écoutant la scène, si vraie, si profonde où Auguste humilie Cinna, la scène qu'on pourrait appeler la *vengeance d'Auguste*, il s'écrie : « *Tu me gâtes le* soyons amis... » — Ces esprits nets, amoureux des idées simples, ne creusent pas, ne saisissent pas les contradictions apparentes, qui sont des traits de vérité, dans la peinture des caractères complexes, c'est-à-dire vivants.

Ce qui plaît dans *Mithridate*, ce n'est pas Mithridate. Lisez Mme de Sévigné. C'est l'amour de Xipharès et de Monime : « *Mithridate n'est qu'un vieux jaloux dont on désire cordialement la mort pour que Xipharès épouse sa maîtresse* [1] »; — comme Voltaire désire la mort de Polyeucte pour que Pauline épouse Sévère.

De même pour *Britannicus*. Ce que l'illustre précieuse consent à y admirer ce sont les propos et les charmantes douceurs de *Britannicus* et de *Junie*. Dans *Bajazet*, Acomat ne compte pas ; c'est la partie romanesque qui tire à soi l'applaudissement.

Peut-être pourrait-on dire d'une manière générale que pour les Français *une tragédie est une comédie*. Une « situation piquante », une intrigue bien menée, un dénouement ingénieux, c'est-à-dire en même temps logique et imprévu, cela suffit à la matière d'une comédie agréable. Nous nous contentons très bien, quand nous allons voir une tragédie, de rencontrer une comédie bien faite. Je vois des critiques contemporains qui se laissent aller à cette pente, et qui démontent un drame de Corneille pour voir si le rouage en est bien lié, comme ils feraient d'une comédie de Dumas fils.

---

[1]. Cf. Nisard, *Portraits et études d'histoire littéraire*; Étude sur Lamartine.

Mais comédie est trop dire. Quand la comédie est d'un genre supérieur, elle ose s'attaquer à ces caractères complexes et riches où abonde la vie. Eh bien, alors, elle a le sort de la tragédie : on ne la comprend pas. Quelles sont les trois grandes comédies de Molière, celles où ont été peints les traits les plus forts, les caractères les plus vastes et complets? *Tartufe*, les *Femmes savantes*, le *Misanthrope*. Quelles sont les trois comédies de Molière qui furent les moins applaudies? *Tartufe*, les *Femmes savantes*, le *Misanthrope*.

— Mais ce n'est pas là le goût français, c'est le goût d'une époque. — On ne doit juger du goût d'un peuple que par l'impression première et spontanée que l'œuvre d'art a faite sur le public. L'impression de plus tard, de longtemps après, ce sont les habiles qui l'ont faite, en la préparant. Ils ont lu cette pièce, qu'à la représentation ils ont peu comprise, comme tout le public. Ils ont été frappés des beautés profondes qu'elle contient, ils les ont signalées. Placé par eux à un nouveau point de vue, le public a saisi et admiré. Admiration de réflexion, non de goût vif et prompt, non d'instinct, non de nature, par cela toujours un peu froide. Figurez-vous ces pièces que l'on joue de nos jours, avec une conférence auparavant, sorte de préface explicative par où « *le lecteur est prié de ne pas se méprendre* ». Nos grandes œuvres dramatiques, quand elles ont eu le caractère d'études historiques ou d'études profondes de caractères, ont eu besoin de cette conférence, **et** la conférence, quelquefois, a duré un siècle.

CHAPITRE VI

Les trois systèmes.

Il nous faut donc revenir à notre premier jugement, et croire que la tragédie telle que l'a faite l'esprit français est avant tout une œuvre de logique, d'éloquence, de morale pratique. C'est le moins poétique de tous les théâtres, c'est le moins réel aussi et le moins vivant; c'est le plus net, le plus arrêté, le plus sûr dans sa marche; le plus oratoire dans son langage, le plus moral, le plus moralisateur et le plus moralisant dans son esprit.

Les Grecs prennent une histoire très simple et l'entourent de toutes les merveilles de tous les arts, pour composer un ensemble esthétique d'une harmonie pleine et parfaite.

Les Anglais prennent une histoire considérable

et l'étendent encore, poursuivant et voulant embrasser la réalité dans toute son ampleur infinie.

Les Français prennent un fait simple et en disposent les causes et les effets en un ordre tel que la conclusion sorte des prémisses, à la fois logique et inattendue.

Les Grecs, amoureux du beau, ont des caractères simples, parce que la simplicité est beauté de lignes et noblesse d'attitudes. — Les Anglais, amoureux du réel, ont des caractères complexes, parce que la vie est complexité. — Les Français, amoureux des choses de raison, ont des caractères abstraits, parce qu'un caractère abstrait est une idée. — L'impression générale d'une tragédie grecque est celle d'un bel ensemble artistique; l'impression générale d'une tragédie anglaise est celle d'un riche tableau de la vie humaine; l'impression générale d'une tragédie française est celle d'un raisonnement bien conduit jusqu'à une conclusion imprévue. — Pour les Grecs, l'intérêt c'est la contemplation du beau, pour les Anglais, c'est la sensation de la vie, pour les Français, c'est la curiosité satisfaite par logique.

Par suite l'unité du drame grec, c'est l'unité de l'impression esthétique, l'unité du drame anglais c'est l'unité de la grande observation morale ou historique d'où le drame est né, l'unité du drame français est l'unité d'action. La muse grecque c'est la Beauté, la muse anglaise c'est la Vie, la muse française c'est la Raison.

La tragédie grecque est donc toute de beauté harmonieuse, en un mot toute artistique.

La tragédie anglaise est toute d'observation morale pénétrante et de sens historique puissant, en un mot profondément philosophique.

La tragédie française est toute de raison logique, de raison oratoire, de raison pratique, en un mot toute didactique.

Il y a un sculpteur, un musicien, un lyrique, un épique dans tout dramatiste grec ; dans tout dramatiste anglais, il y a un historien, un moraliste, un philosophe ; dans tout dramatiste français, il y a un dialecticien, un orateur et un **professeur de morale.**

I

Veut-on voir comme aux prises ces trois systèmes, et comment, d'une même matière, ils font trois œuvres, toutes trois sublimes, toutes trois absolument diverses?

Voici un sujet commun : Deux jeunes gens qui s'aiment sont entraînés l'un vers l'autre par leur amour, sont séparés l'un de l'autre par leurs devoirs domestiques. C'est Antigone et Hémon; c'est Juliette et Roméo; c'est Chimène et Rodrigue. — Les trois drames grec, anglais, français, peuvent être comparés facilement et utilement, non seulement parce qu'ils ont un commun sujet, mais parce qu'ils ne sont pas séparés par de trop grandes différences d'exécution. *Antigone*, par la rapidité, l'unité et l'importance de l'action, se rapproche plus qu'une autre tragédie grecque du genre moderne; *Roméo et Juliette* est celle des tragédies de Shakespeare qui a le moins le caractère épique et le plus

d'action, et le plus d'unité d'action ; le *Cid*, qui est en son fond un drame espagnol, a quelque chose de la liberté du théâtre moderne irrégulier, et présente même des parties épiques et des fragments lyriques.
— Les distances ne sont donc pas infinies entre les trois œuvres : on n'en verra que mieux les différences qui existent entre les trois systèmes, en voyant combien grandes *elles sont encore*, lorsque les trois systèmes se rapprochent les uns des autres, autant qu'il leur est donné de se rapprocher.

Au premier regard, les trois drames offrent des ressemblances frappantes. Dans tous les trois, deux jeunes gens de grande famille, tous deux nobles, généreux, touchants; une querelle de famille grave et tragique, obstacle qui semble insurmontable ; un crime (ou une violation de la loi civile) commis par l'un des amants, ce qui amène l'intervention de l'autorité sociale, du prince, dans les trois pièces, et met la passion en présence non seulement de la loi morale, mais en face de la loi politique. Il semble que les trois auteurs se soient proposé de peindre la passion, « *l'Eros invincible, qui se pose sur tous les êtres* », en l'entourant de tous les obstacles qui lui viennent et des lois humaines et des lois divines.

Les dénouements mêmes de la pièce grecque et du drame anglais sont identiques, et l'on ne peut lire la scène du tombeau dans Shakespeare sans se rappeler la demeure souterraine où Hémon va, lui aussi, « *soustraire aux astres ennemis cette chair lasse du monde* », et dormir l'éternel sommeil sur le corps de sa bien-aimée.

Mais pénétrons au fond des choses.

II

Pour un Français dans le sujet en question, le drame est la lutte de la passion contre les devoirs domestiques. Antigone aime Hémon; elle ne l'épousera pas si elle enterre Polynice. Hémon aime Antigone. Il renoncera à son amour ou à la piété filiale. Chacun d'eux est pris entre deux forces contraires. Laquelle triomphera? Voilà le drame français. Car pour nous, drame signifie lutte. Le drame est choc de forces contraires et attente de l'événement qui s'ensuit.

Remarquons avant toute chose que le drame ainsi entendu n'existe pour ainsi pas, ni dans la pièce grecque, ni dans la pièce anglaise.

Dans la pièce grecque la lutte est à peine indiquée. Antigone ne lutte nullement : elle va droit au devoir et droit à la mort. Hémon lutte à peine; il ne lutte même point, il hésite un moment; puis, après cet instant d'hésitation, va droit à l'amour et à la tombe.

Roméo ni Juliette ne luttent non plus. Du moment qu'ils aiment, la passion s'empare d'eux en tyran. Ils vont à travers devoirs, lois, honneur et pudeur, comme à travers les obstacles matériels, d'un mouvement impétueux et aveugle, n'entendant que leurs voix qui s'appellent, ne voyant que leurs bras qui s'ouvrent, jusqu'à ce que le tombeau se referme sur eux; et en voilà pour jamais.

— Où est le drame, dira un Français? — Ni pour un Anglais, ni pour un Grec, le drame n'est une lutte. C'est une histoire portée sur la scène. Peu importe qu'il n'y ait point lutte de forces contraires, et que par suite il n'y ait ni intrigue, ni dénouement imprévu, ni peut-être péripéties. Le drame est un épisode épique présenté aux yeux. Les hommes y vivent, y aiment, y pleurent, y chantent, y meurent. Il suffit : voilà un drame.

Presque toutes les différences viennent de là. — Et tout d'abord la composition du drame en est toute changée. En France, nous serons au cœur et aux entrailles du drame, quand l'auteur aura mis en présence les deux amants une fois séparés par leurs devoirs. Cette scène, que l'auteur peut renouveler en renouvelant les circonstances propres à la modifier, c'est la scène capitale, celle que l'on attend, que l'on exige, sans laquelle le drame semble ne plus exister, la scène nécessaire. C'est celle en effet où le choc des forces contraires a lieu, où dans chaque mot, dans chaque geste, dans chaque regard la passion et le devoir se rencontrent, se heurtent et rebondissent.

Or rappelez-vous que dans le drame grec cette scène n'existe pas. Nulle part Antigone ne rencontre Hémon que dans la tombe. Cette scène, je ne crois pas qu'il y ait un Français lisant pour la première fois *Antigone* qui ne la cherche. Le Grec n'en a pas besoin. Le drame n'est pas là pour lui.

Dans la pièce anglaise, c'est le contraire. Cette scène envahit tout. Mais qu'on ne s'y trompe pas. Le drame anglais est plus loin du drame français en répétant la « scène nécessaire » que le drame grec en l'omettant. Car dans le drame anglais la scène où nous mettons la lutte recommence à chaque instant, mais la lutte n'est jamais dans la scène. Dès que les amants se rencontrent, ils ne songent qu'à s'aimer et à se le dire. Rien n'est plus pour eux, hormis leur amour. Un critique français, se plaçant strictement au point de vue français, pourrait dire que dans *Roméo et Juliette*, « la scène à faire » est partout et qu'elle n'est faite nulle part. Encore un coup, c'est que pour l'Anglais le drame n'est pas dans la lutte. Il est dans la peinture de la vie.

III

Aussi comme toute la suite du drame est différente selon qu'il se déroule là-bas, là ou ici! — Chez les Grecs l'action se développe par grands tableaux successifs, sans petits incidents, sans menus détails, sans précipitation non plus, encore qu'elle soit importante et plus étendue qu'en beaucoup d'autres tragédies grecques. Mais l'auteur lui a fait sa part, et, ne la tenant que pour une partie de son œuvre, l'a resserrée en cinq ou six grandes scènes où elle s'étale en larges traits, sans se disperser ni s'attarder aux détails. Ce qui lui restait de place il l'a rempli de tout ce qui pouvait contribuer, non pas à la force et à la grandeur de l'action, mais à l'ensemble harmonieux, c'est-à-dire à la valeur esthétique de l'œuvre. C'est des narrations pittoresques, comme celle du garde, destinées à satisfaire le goût qu'ont les Grecs des récits animés et bien conduits, fragments d'odyssée jetés à travers l'horreur de la vieille légende thébaine; c'est des considérations politiques de Créon, destinées à faire un contraste, plus artistique que dramatique, entre l'étroit esprit de la loi civile et la grandeur de la loi morale qu'Antigone porte en elle; c'est des scènes inutiles (je parle en Français) comme celle d'Antigone et d'Ismène, destinées à faire un contraste entre le caractère rigide et comme viril d'Antigone, et la nature bien féminine d'Ismène, trop faible pour concevoir un dessein héroïque, s'y jetant ensuite d'une saillie brusque, d'un élan de cœur, comme touchée de la contagion du sacrifice.

C'est encore cette scène de Tirésias, qui suspend l'action, mais qui donne à l'œuvre un caractère incomparable de grandeur, venant ajouter à la loi morale qu'a proclamée Antigone, la consécration de la loi religieuse, et jetant sur la scène un je ne sais quoi de mystérieux et de redoutable où l'on sent les approches d'un Dieu.

C'est enfin ce chœur, cette suite d'échos puissants où se prolonge, s'agrandit et s'épure la voix du drame : joyeux et triomphant, plein d'ivresse de la paix reconquise avant que le drame commence; — puis peu à peu se refroidissant et s'assombrissant au cours de la triste histoire qui se déroule; — célébrant en un hymne grave la grandeur de l'homme en prévoyant l'abus qu'il en peut faire et plaignant les limites dont elle est bornée ; — après Antigone condamnée, pleurant les malheurs de la maison d'Œpide et par un retour sur lui-même, la triste destinée de l'homme, jouet des illusions toujours renaissantes et des espoirs toujours trompés ; — après Hémon chassé, accusant le fatal pouvoir de l'amour, loi douce et horrible de tous les êtres ; — devant le tombeau qui s'ouvre pour Antigone, disant les illustres malheurs des plus célèbres victimes du sort ; — enfin effrayé d'une terreur sainte par la voix de Tirésias, se réfugiant, en une prière ardente et humble, dans la clémence du Dieu protecteur de la cité, et criant, sans espoir, mais non sans foi, l'éternel appel de la terre aux cieux.

Telle est cette composition. Elle n'est ni serrée, ni rapide, ni ingénieusement combinée en vue de l'intérêt de curiosité. Le drame proprement dit y commence à l'arrivée d'Hémon, c'est-à-dire au milieu ; la première partie, que nous appellerions l'exposition, est donc d'une longueur que nous trouvons démesurée. Le dénouement y est très prévu, et aucune péripétie, en faisant renaître l'espoir vers la fin de la pièce, ne réveille l'intérêt qui consiste dans l'incertitude ; en un mot l'intrigue est pauvre, faible et lâche. Mais comme tout, en revanche, est combiné pour la grande et noble impression esthétique! Quel groupe savant forment ces caractères opposés, et en quelque sorte étagés en une gradation où l'on sent la main d'un artiste, depuis le garde grossier et Créon vulgaire, au même rang dans des fortunes diverses ; jusqu'à Hémon et Ismène, êtres doux, bons, faibles et, par moments, sortis d'eux-mêmes, ardents jusqu'à la violence, comme tous les êtres faibles ; jusqu'à Antigone enfin dominant tout le reste, et le monde entier, de sa haute pensée morale, de son acharnement dans la vertu, statue vivante du devoir.

IV

Chez les Anglais la partie lyrique disparaît.

Non pas tout à fait encore. On la retrouve restreinte, admirable encore çà et là, dans le rôle de frère Laurence : « *L'aube aux yeux gris couvre de son sourire la nuit grimaçante, et diapre de lignes lumineuses les nuées d'Orient; l'ombre couperosée, chancelant comme un ivrogne, s'éloigne de la route du jour devant les roues du titan radieux... La terre, mère des créatures, est aussi leur tombe; leur sépulcre est sa matrice même. Les enfants de toute espèce sortis de son flanc, nous les trouvons suçant sa mamelle inépuisable...* »

Mais ce n'est là que des éclairs passagers. La tragédie s'est transformée. Elle est devenue moins lyrique et plus épique. Même dans cette histoire d'amour, tout un tableau d'histoire trouve sa place. « *Le poète fait revivre, non seulement les personnages, mais l'époque disparue. Dès la première scène dans cette Vérone qu'ensanglantent les guerres civiles, nous reconnaissons l'Italie du* XIVe *siècle* [1]. » Combats dans la rue, provocations dans un bal, duels, meurtres, outrages entre gentilshommes, injures entre plébéiens : toute l'histoire du temps vit, palpite et crie devant nous. C'est dans une atmosphère de fureurs héréditaires que va passer, jeune et frais, l'amour d'un jour de deux enfants. Et notez bien que l'esprit épique enveloppe si bien tout le drame que, les deux enfants morts avec leurs amours, le drame n'est pas fini. Il reste une scène, de grandeur homérique, scène de réconciliation et d'oubli entre les partis : « *Donne-moi ta main, Montaigu...* » Le roman est encadré d'une épopée.

Quant à la suite du drame, plus simple pourtant qu'aucun autre de Shakespeare, un Français s'y égare d'abord. Il trouve en premier lieu Roméo amoureux d'une Rosalinde froide et coquette, lui naïf et ardent. Nous voilà lancés sur une première piste... Elle était fausse. Le drame que nous prévoyions s'arrête court. Un autre commence. Il se noue, se resserre. L'action marche, rapide... Elle s'arrête. Quelle est cette scène où Roméo et ses amis échangent une suite interminable de lazzis grotesques? Où mène-t-elle? De quel effet est-elle

1. F.-V. Hugo, introduction à *Antoine et Cléopâtre* et *Roméo et Juliette.*

sur le dénouement?... En voici une autre. Mercutio est tué par Tybalt. Pourquoi ? Nous y voici : pour mettre à Roméo l'épée à la main, pour qu'il tue Tybalt, pour qu'un crime soit entre lui et Juliette. C'est Gomez tué par Rodrigue.

A la bonne heure!... Mais non; car la mort de Tybalt n'a aucun effet durable sur l'esprit de Juliette. Elle lui arrache une larme, un cri, et voilà tout. Point de lutte, point d'hésitation dans son cœur. Alors pourquoi ces scènes, pourquoi ces meurtres?

Et ce dénouement! Comme Roméo se tue vite, sans plus s'informer, sans plus attendre! Passons là-dessus : il est jeune, il est étourdi. Mais comme ce dénouement est mal amené! Le messager de Laurence à Roméo a été retardé par un accident et n'a pu prévenir le jeune homme. Laurence lui-même est arrivé au tombeau juste trop tard pour arrêter le bras de Roméo, celui de Juliette. Voilà un art dramatique bien facile et des combinaisons bien primitives!

Changez le point de vue.

Dites-vous que l'important ici n'est point l'intrigue bien conduite, que l'intérêt ici n'est point l'intérêt de curiosité; que l'important c'est la peinture de la passion dans toute sa vérité, que l'intérêt est un intérêt d'observation morale et historique. Tout alors devient excellent.

Ce premier amour de Roméo est un trait de caractère. Nous y reviendrons. Cette scène de lazzis, qu'elle est vraie! Roméo revient de chez Laurence. Tout l'édifice de son bonheur est construit; il se marie ce soir. Il rencontre ses amis. Alors il a besoin de parler, de rire aux éclats, de chanter, l'étourdi fougueux, tout d'ardeur et d'effusion, et sa bonne humeur éclate en bouffonneries joyeuses, et son excitation nerveuse se dépense en propos fantasques.

Ces scènes de meurtre, non, elles ne sont pas faites pour avoir leur effet sur l'action proprement dite; elles sont pour peindre cette époque qui sert de cadre brillant à l'action; elles sont aussi pour nous montrer les caractères sous toutes leurs faces et les personnages dans toutes les situations. Ils riaient tout à l'heure, ces beaux jeunes gens spirituels, s'enivrant de leur gaîté, se jouant au brillant tournoi de leurs imaginations bouffonnes. Les voilà l'épée au poing, l'injure aux lèvres, la haine au cœur, tout au meurtre, frappant, frappés, sanglants, morts.

Est-ce là la vie? Est-ce là la vérité? Est-ce là le cours des choses, émouvant, terrible? Alors c'est le drame.

Et vienne le dénouement maintenant, qu'il vienne plus ou moins adroitement amené, mais touchant, vrai en soi et scénique. Le voilà ce « *cimetière affamé* »; les voilà tous ces beaux cadavres, fleurs brisées de la cité veuve; ici c'est Mercutio, là c'est Tybalt, plus loin Pâris, et là-bas Roméo et Juliette qui ont signé tous deux « *le pacte indéfini avec le sépulcre* ». La discorde a triomphé et « *la mort est au bout de tout* »

V

Dans la pièce française la composition est faite tout entière en vue de l'action dramatique.

L'action c'est la lutte de forces contraires. Ces forces sont aussi vite que possible mises en présence. Remarquez la rapidité, la hâte du premier acte et des premières scènes du second. Compétition de courtisans, querelle, soufflet donné, vengeance confiée par le père au fils, hésitation du jeune homme bien vite cessée, provocation, duel, mort du comte, c'est l'affaire d'un acte et demi.

Pourquoi cette précipitation? N'y a-t-il pas dans ce qui précède déjà tout un drame que nous aurions plaisir à voir se développer, je dis drame même au point de vue français, puisqu'il y a lutte en l'âme du jeune homme entre sa passion et son devoir? Le poète ne pourrait-il pas nous montrer Chimène et Rodrigue avant l'événement qui les sépare, s'aimant, se le disant, se berçant des longs espoirs et des douces pensées de la jeunesse à qui tout sourit encore?

Puis, au milieu d'un duo d'amour, comme Corneille sait en écrire, à la *Psyché*, la nouvelle arrive de la querelle survenue, de l'outrage reçu... Ah! la belle scène!

Mais ne nous égarons pas en ces imaginations superflues. C'est du Shakespeare, cela, c'est la scène du bal, ou la scène de Juliette au balcon. La rigueur de la tragédie française n'admet pas les scènes reposées qui font que l'action languit ou tarde à naître. — Mais il y aurait action, il y aurait bien vite lutte dans l'âme de l'amant héroïque. Le voyez-vous qui, la nouvelle fatale entendue, s'arrête, demeure stupide en face de son bonheur brisé, s'arrache aux bras de Chimène, pour suivre la voie de l'honneur, revient sur ses pas, serre les mains de Chimène étonnée et interdite, refuse de répondre à ses questions pleines d'angoisse, puis jette un adieu suprême, et, d'un mouvement désespéré, sort en courant sans regarder derrière lui. Le monologue final du premier acte transformé en scène entre Chimène et Rodrigue, n'eût-ce pas été dramatique?

— Sans doute; mais à prolonger ces premières scènes, il y avait risque de dualité d'action. Ce qui précède est un premier drame. C'est le « drame de

Rodrigue », qui eût été ainsi jusqu'à la mort du comte; après la mort du comte, un autre eût commencé, le « drame de Chimène », et l'on ferait au *Cid* le même reproche qu'à *Horace*. — Dans son souci tout français de faire l'action aussi une, aussi nette, aussi fortement nouée que possible, Corneille considère ici qu'elle commence, non pas même dès que le devoir domestique se dresse entre les deux jeunes gens pour les séparer, mais seulement lorsque entre eux un acte irréparable, un meurtre, a été commis.

C'est bien la manière française, qui consiste à ne prendre, non seulement dans l'histoire que la lutte, mais dans la lutte que la crise. Tout ce qui précède la mort du comte, tout ce premier drame, ne sera donc tenu par Corneille que pour une exposition, et, à titre d'exposition, il le fera court, malgré le nombre et l'importance des faits, il le resserra dans les étroites limites d'un peu plus d'un acte. Pour lui, il me semble que l'action de *Roméo et Juliette* ne commencerait qu'après le meurtre de Tybalt, l'action d'Antigone qu'après l'enterrement du cadavre; et aussi ne donne-t-il que le cinquième de son œuvre à la partie du drame à laquelle Sophocle a consacré le tiers de la sienne.

Et il est si vrai que les Français ont hâte d'arriver

au vif et à l'ardent de la lutte, au cœur de l'action, que ces scènes que nous sommes disposés à trouver courtes, l'Académie du temps les trouve trop longues. Dès que le « *A quatre pas d'ici...* » est prononcé, l'Académie voudrait qu'immédiatement les adversaires croisassent le fer : « *... Le grand discours qui suit jusqu'à la fin de la scène devient hors de saison* ». — Hors de saison le « *Parle sans t'émouvoir* », le « *Mes pareils à deux fois ne se font pas connaître...* », le « *J'aurai trop de force ayant assez de cœur...* », le « *Qui m'ose ôter l'honneur craint de m'ôter la vie* », le « *Es-tu si las de vivre? — As-tu peur de mourir?* » et « *Le fils dégénère qui survit un moment à l'honneur de son père* ». — Hors de saison, en effet, car l'action proprement dite n'a point commencé et il s'en va temps que le comte meure pour qu'elle commence.

Mais ensuite, une fois posée, cette action si une, comme elle est nette, bien suivie, rigoureusement déduite de conséquence en conséquence! C'est un plaisir de logicien que de la voir marcher d'un mouvement précis, correct, aisé et toujours plus rapide, vers un dénouement nécessaire, et pourtant imprévu.

Chimène, obstinée au devoir, lutte contre son amour. Il s'agit de donner de plus en plus raison à cet amour contre son devoir, de faire cet amour de plus en plus si excusable, de plus en plus si légitime, et de plus en plus si glorieux, que le devoir puisse, sans honte, faire mine enfin de lui céder.

Cette progression est d'une rectitude, d'un dessin suivi, d'une perfection d'art inimitable. Rodrigue est désespéré, il veut mourir : il arrache des larmes. — Il revient vainqueur des Maures, sauveur de l'État ; il arrache un cri sublime d'admiration et de vertueux regret : « *Je vois ce que je perds, quand je vois ce qu'il vaut!* » — On feint qu'il a péri dans le combat : l'aveu de l'amour n'échappe pas encore, mais Chimène tombe pâmée, et sa douleur témoigne de son amour. — Rodrigue va périr vraiment, son sacrifice est consommé, et prête la mort qu'il appelle. Chimène lui crie : « Je veux que tu vives! » dans un de ces vers pleins de passion et à la fois de pudeur dont Corneille a le secret.

Ne semble-t-il point que le nœud dont Chimène est prise, progressivement, d'un mouvement de plus en plus rapide, se resserre autour d'elle et la maîtrise?

Et enfin le dénouement arrive, comble d'art, ingénieux et touchant, ne craignons pas de le dire, spirituel, mais de ce genre d'esprit qui fait dire de ceux qui en sont doués, qu'ils ont de l'esprit jusqu'au fond du cœur. Chimène est vaincue, mais elle n'a pas avoué au monde sa défaite, elle ne l'avouerait jamais. Il faut qu'elle croie, cette fois sans en pouvoir douter, que Rodrigue n'est plus, pour que ce mot s'échappe enfin de ses lèvres : « Oui! je l'aimais ». — Et ainsi jusqu'au dernier moment l'événement a été suspendu; et par un habile artifice dramatique, il sort du fond du sujet, aussi logique qu'il est imprévu.

Comme toute cette intrigue sent le Français amoureux d'unité, de simplicité, de logique rigoureuse, de problème bien posé et bien résolu, et en même temps qui veut que l'attente de l'événement remplisse le drame jusqu'au dernier mot, qui veut que l'intérêt de curiosité ne languisse jamais, mais bien au contraire aille en croissant, d'acte en acte, de scène en scène, jusqu'au dénouement qui le doit satisfaire pleinement sans invraisemblance et sans effort!

VI

L'étude des caractères dans les trois pièces ne présente pas de moins remarquables différences. Nous avons dit la Beauté, la Vie, la Raison. La peinture des caractères dans la pièce grecque est subordonnée au souci du Beau, dans la pièce française elle est subordonnée aux lois de la Raison ; dans la pièce anglaise elle n'est subordonnée à rien ; car la peinture des caractères c'est la peinture de la vie, et la vie chez les Anglais est la muse du Drame.

Voyons de près ces personnages de la tragédie grecque. Ils sont peints de vives couleurs, de grands traits précis, mais moins pour eux-mêmes que pour l'effet général, que pour la grandeur esthétique de l'ensemble. Notez par exemple ce point qui me semble remarquable. Des caractères de très inégale importance, à considérer l'action et à considérer la valeur morale, ont le même développement. Créon occupe tout le temps la scène, son rôle est aussi long au moins que celui d'Antigone, et la suite est infinie de sottises que l'auteur lui fait débiter. Hémon, personnage si important, à nos yeux de Français, pour l'action, a un rôle qui n'est pas plus long que celui d'Ismène, personnage inutile à l'intrigue. C'est que ce n'est pas l'action qui est l'important, ni même la peinture de caractères intéressants qui importe le plus. C'est l'effet esthétique, c'est l'ensemble harmonieux de l'œuvre.

Nous sommes chez des sculpteurs : une tragédie est un groupe bien composé. Ce qu'il faut nous montrer parce que cela est un beau contraste, un bel effet de symétrie imposante, c'est d'un côté la loi civile en toute sa rigueur stricte et aveugle, de l'autre la loi morale en toute son éblouissante splendeur. C'est là les deux motifs importants de la composition, qui la dominent tout entière, en tracent la grande ligne. Il convient de ne les jamais perdre de vue, et que, partant, Créon occupe tout le temps la scène, et Antigone remplit tout le drame.

Entre ces deux rôles et au-dessous, réduits à des proportions moindres, égaux entre eux et se faisant pendant l'un à l'autre, les deux caractères d'Ismène et d'Hémon, êtres faibles, doux et charmants, qui, pris entre la loi morale et la loi civile, sont froissés, l'un jusqu'à être brisé dans le choc. Il convient que ces deux motifs répondent l'un à l'autre, comme les deux premiers se font l'un à l'autre opposition, et qu'ils aient la même mesure dans la composition générale. — Mais prenons les caractères en eux-mêmes.

Dans la représentation des caractères, qui se fait par la plume ou la parole, comme dans la représentation des formes qui se fait par le pinceau ou l'ébauchoir, l'expression est en raison inverse de la beauté. Tout trait qui exprime la passion risque d'altérer la beauté. La beauté est harmonie des lignes et sérénité de l'ensemble. La passion est désordre et trouble, partant altération du beau. Mais la passion c'est la vie. De là deux penchants divers dans l'art. Selon que l'artiste aura plutôt le souci du beau, ou plutôt la curiosité de la vie, il ira de préférence à la beauté pure, ou de préférence il cherchera l'expression. Les Grecs ont, avant tout, le goût du beau. Il s'ensuit qu'ils négligent l'expression. Mais selon les différents arts qu'ils cultivent, il y a des degrés. Quand ils sont sculpteurs il leur est possible et il leur arrive de sacrifier l'expression. Quand ils sont tragiques, la tragédie étant la peinture de la vie, ils ne peuvent sacrifier l'expression : ils trouvent le moyen de la subordonner. Subordonner l'expression à la beauté, c'est trouver l'art d'exprimer la passion sans qu'elle altère l'harmonie grave et calme, la pureté noble et sereine et de l'âme et des attitudes, en un mot tout ce qui dans l'homme est beauté. Ce souci est constant dans les grands tragiques grecs ; il est manifeste dans Antigone.

Voyez Hémon. C'est un caractère fougueux et ardent que ce jeune homme. Il est plus violent et plus âpre que Roméo lui-même en sa passion déchaînée. Comme tous les êtres faibles, dans l'emportement de la passion il s'échappe jusqu'au délire. Le cadavre d'Antigone à ses pieds, apercevant son père, il lui crache au visage, lève le couteau sur lui, le poursuit, le manque, se frappe enfin lui-même, et meurt enlacé aux bras de celle qu'il aime, « *embrassant ce pâle visage qu'il inonde de sang* ». Il n'y a pas dans tout le théâtre moderne de rôle plus violent et de scène plus horrible. Nous ne manquerions pas, de nos jours, de développer le rôle et d'étaler la scène. Que fait Sophocle ?

Le rôle il l'écourte, l'indique seulement ; la scène

il la retire des yeux, la dissimule, l'indique seulement en six vers de récit. Il ne faut pas qu'un caractère pareil, tout de passion impétueuse et farouche, altère la beauté sereine et noble de la scène grecque. Tant qu'Hémon restera relativement calme et noble en son attitude, tant qu'il discutera avec son père, plus triste que violent, plutôt sombre qu'emporté, menaçant déjà, mais sans que la passion grondant en son cœur ait jeté le désordre dans sa pose, dans son visage et dans ses discours, nous le montrerons au spectateur; juste au moment où l'expression l'emporte sur la beauté et en déforme les lignes, nous le retirerons de la scène : désormais il n'appartient plus à la tragédie, qui est plastique par certains côtés, mais à la narration.

Antigone est conçue de même. Que comporte le rôle d'Antigone? La passion du devoir filial, le regret de la vie quand elle s'est condamnée à la perdre, l'amour pour Hémon. Ces trois passions seront peintes par le poète tout autant qu'elles ne risqueront point d'altérer la noblesse des attitudes, la majestueuse gravité du geste, la sérénité de l'âme se reflétant dans la force calme et comme recueillie du langage. Elle a ses moments de douleur emportée et véhémente, cette Antigone; comme tout à l'heure pour Hémon, le poète se gardera de nous la montrer à ces moments-là. C'est par un récit qu'il nous la peindra « *poussant les cris aigus d'un oiseau qui se plaint avec amertume, en retrouvant son nid désert et vide de ses petits... éclatant en sanglots et lançant de terribles menaces contre les auteurs de l'attentat* ». — Que mettra-t-il donc d'Antigone sur la scène? Ce qu'Antigone a de grand à la fois et de contenu, c'est-à-dire de beau. Il nous montrera sa passion du devoir filial, non dans l'acte précipité et fiévreux, mais dans cette discussion ferme, grave, dans ces discours élevés et nobles, dans cette déclaration tranquille et sublime qu'elle fait des lois éternelles du devoir, interprète sacrée des volontés divines. Il nous montrera son regret de la vie, tout autant qu'il ne touchera pas au désespoir, comme il nous a montré sa passion du devoir tout autant qu'elle restait en deçà de la rébellion exaspérée et furieuse. Il ne mettra pas sur la scène l'antre ténébreux, *horrible gueule, matrice de la mort, alcôve funèbre*, que nous montre Shakespeare; l'horrible n'est artistique que jusqu'où le hideux commence. Nous ne verrons pas Antigone s'étranglant dans l'ombre humide; nous la verrons pour la dernière fois, quand elle va à la mort, quand elle passe devant le chœur se répandant en plaintes qui ne cessent jamais d'être poétiques, déplorant sa jeunesse tranchée en sa fleur, sa virginité stérile, la fatalité qui pèse sur sa race maudite, et disant adieu à ce soleil glorieux de la Grèce qui a toujours, en ce pays de lumière, le dernier adieu des mourants. — Au delà, c'est la révolte de la chair qui commence : le poète s'arrête juste où la passion devient trouble, désordre, délire, altération du beau.

Et, peignant une fiancée qui meurt, que nous montrera-t-il de son amour? Presque rien. Ce n'est pas qu'il n'y ait point de beauté dans un amour pur; mais dans un cœur où règne une passion aussi éclatante de beauté idéale que le culte du devoir, l'amour ne pouvait jamais être que mélange relativement impur, ou principe de lutte. Dans les deux cas la beauté idéale en serait altérée. Dans Antigone mêlée de piété filiale et d'amour, il y aurait du beau et du moins beau, l'unité esthétique, la seule dont les Grecs aient eu le sentiment vif, n'existerait plus. Antigone aurait plus d'expression, moins de beauté, serait plus vivante, moins noble. Des deux aspects il en faut subordonner un.

Si l'amour est considéré comme principe de lutte dans le cœur d'Antigone, le poète grec vous répondra que pour lui la beauté n'est pas dans la lutte, que les Grecs n'ont jamais tenu la lutte des passions contraires pour le fond de l'œuvre dramatique, qu'ils

préfèrent étaler en grands traits harmonieux et
nobles un sentiment simple. Des deux sentiments
qui vivent dans l'âme d'Antigone il y en a donc,
pour une raison nouvelle, un à subordonner : ce
sera le moins idéal, le moins beau.

— Voilà bien des explications. Ne serait-il pas
plus simple, puisque Antigone n'exprime point son
amour, de supposer qu'elle n'aime point? — Elle
aime, et exprime son amour. Mais comme au théâtre,
là où entre l'amour, il envahit tout, et qu'il est très
malaisé de lui faire sa part, voulant le subordonner,
le poète, dans le rôle d'Antigone, a été amené à
l'effacer presque. Il l'a laissé au second plan, dans
le vague des demi-teintes, à deviner plutôt qu'à
voir. Il est au fond de ces plaintes mélancoliques
et chastes d'Antigone pleurant d'aller à l'Achéron
« sans avoir connu l'hymen, sans que l'hymne des
fiançailles ait retenti pour elle, fiancée de l'Adès...
sans regrets, sans amis, sans époux ». Il est dans ce
cri sublime de passion grave, forte et qui ne doute
pas un moment de l'être chéri : le grossier Créon
dit de son fils fiancé à Antigone qu'il « *trouvera
d'autres sillons à féconder* »; Antigone ne répond
qu'un mot : « *O cher Hémon, comme ton père te mé-
prise!* » On a supposé que celui qui l'aime peut
l'oublier; elle sait bien, elle, qu'il ne lui survi-

vra pas; et que d'amour dans la certitude qu'elle a du dévouement de celui qui l'aime! Mais ce n'est là que des traits isolés. L'amour d'Antigone prononce là ses dernières paroles, celles qui résument son caractère et sa destinée; et désormais nous n'avons plus devant les yeux que l'héroïne du devoir, victime de sa piété domestique :

> Tombeau, lit nuptial, prison noire et profonde,
> Où je dois à jamais disparaître du monde,
> Pour revoir tous les miens, hôtes déjà nombreux,
> Que Proserpine admit sur le bord ténébreux !
> J'y descends à mon tour et d'un sang déplorable,
> Je péris la dernière et la plus misérable.
> Mais je nourris du moins le consolant orgueil
> Qu'un père à son enfant va faire un doux accueil,
> Que tu me béniras, ô Jocaste ma mère,
> Qu'à tes yeux, Polynice, une sœur sera chère,
> Puisque après votre mort ma main n'oublia pas
> La sainte ablution, les honneurs du trépas,
> Et que l'urne pieuse arrosa votre cendre [1].

Ce souci de la beauté esthétique à laquelle est subordonnée la peinture des caractères, on le remarque encore en ceci que les Grecs n'aiment point les caractères complexes si chers à la tragédie anglaise, ni les évolutions de caractère.

Je viens de montrer que des différents sentiments qui animent le cœur d'Antigone, Sophocle en supprime presque un qui est très important. C'est que

1. *Antigone.* Théâtre de Sophocle, traduction Victor Faguet.

la complexité altérerait l'unité esthétique. La complexité est expression plutôt que beauté, richesse et abondance de vie, plutôt que pureté de lignes. Il en va de même des modifications successives des caractères. Quand les caractères, au cours de la pièce, doivent forcément montrer des aspects nouveaux d'eux-mêmes, le poète grec ne supprime pas l'évolution, il supprime du moins les transitions. Les transitions, dans une évolution de caractère, se font de menus détails caractéristiques, très expressifs, très vivants, mais qui ne sont pas beaux, parce qu'ils ne sont pas grands. Le Grec les écarte : il aime mieux présenter le nouvel aspect du caractère brusquement, sans préparation, tout de suite dans toute son étendue, dans tout son développement, dans toute sa grandeur poétique, laissant à l'imagination du lecteur le soin de faire la transition, **de** combler l'apparente lacune.

Ismène est d'abord une jeune fille timide et faible, formant avec Antigone un beau contraste. Tout d'un coup nous la voyons reparaître, dévouée, héroïque, téméraire, s'offrant à la mort. Il n'y a rien de plus naturel que ce revirement dans un cœur de femme, prompt à l'exaltation comme facile à l'abattement. Encore aimerions-nous qu'une transition nous y préparât. C'est à nous de la supposer.

Le poète grec aime peindre les sentiments, non dans leur enfantement ou dans leurs tranformations obscures, mais dans leur épanouissement, en pleine lumière et en pleine beauté.

Ainsi pour Antigone elle-même. Nous la voyons d'abord inébranlable et rigide dans l'accomplissement du devoir, acceptant la mort, et qui paraît prendre un amer plaisir à la provoquer. Tout d'un coup, elle reparaît, très noble encore, mais gémissante et éplorée, frémissante des approches du trépas. Cela, certes, est d'une grande vérité ; mais rien entre ces deux *moments* de la vie morale d'Antigone n'est venu nous prévenir, nous préparer au changement qui devait arriver. C'est à nous de nous dire que, dans cette inflexibilité stoïque de tout à l'heure, il y avait un effort puissant et violent, qui ne pouvait durer ; que, le sacrifice accompli, l'exaltation nerveuse tombée, la jeune fille devait reparaître, amoureuse de la vie, du soleil et de l'amour ; qu'Antigone, si elle est héroïque d'un mouvement naturel, n'est ni hautaine et dédaigneusement stoïque si ce n'est par tension de volonté et enivrement de sacrifice, et qu'elle doit, le moment d'après, en revenir aux sentiments communs de l'humanité.

C'est à nous de nous dire ces choses : le poète

grec aime à ne peindre que les grandes situations, pleinement belles, et à ne s'arrêter en sa marche sublime, qu'aux sommets brillants de l'idéal.

Ainsi Sophocle trace ses caractères, connaissant bien la vie, et soucieux de vérité; mais apportant dans son œuvre dramatique une constante préoccupation d'artiste, voulant que la loi du beau domine toujours, règle et conduise son travail, et y sacrifiant bien des choses : toujours vivant et toujours vrai, mais très soigneux de prendre la vie en tant seulement qu'elle donne l'idée du beau, et de montrer la vérité surtout dans sa splendeur.

VII

Les différences sont si frappantes, pour ce qui est de la peinture des caractères entre les Grecs et les Anglais, que j'aurai peu à y insister. Dans *Roméo et Juliette* tout est peinture abondante et variée de la vie. Là le développement des caractères n'est subordonné à aucune loi supérieure. C'est tout, au contraire, qui se subordonne à ce souci de tout peindre. Rien n'est élagué, rien n'est simplifié. Les caractères sont variés, complexes avec des profondeurs infinies et avec de merveilleux changements d'aspect. Il ne suffit pas pour Shakespeare de nous montrer Roméo amoureux, Juliette passionnée. Il **veut connaître et nous montrer tout le caractère de ces deux enfants.** Il se demande, non ce qu'est en soi l'amoureux, mais ce que peut être un gentilhomme de vingt ans, Italien du xive siècle, qui est amoureux. Le personnage se forme vivant, complet, en son imagination de moraliste-poète.

Et voici naître cette figure étrange, puissante et si animée de Roméo, cet adolescent impétueux, ardent, incapable de réflexion et de prudence, sensuel, d'imagination enflammée, d'esprit raffiné, de courage bouillant, faiseur de concetti et d'épigrammes, duelliste redoutable, poète lyrique et élégiaque, âme faite d'un feu mobile, brûlant et éclatant, sorte de Pétrarque sensuel ou de Musset capable d'agir, Chérubin poète et mûri par une passion forte.

Il va à travers la vie, avec le superbe aveuglement de la jeunesse, l'élan magnifique de la force, l'ardeur enivrée du désir. Tout est expansion dans ce jeune être gracieux et fort où abonde la vie. Shakespeare se garde bien, par respect de l'unité esthétique, ou souci de l'unité d'action, de nous le montrer amoureux d'une seule femme. Il aime d'abord Rosalinde, comme il va aimer Juliette. L'amour en lui est le sang qui bouillonne, l'imagination qui s'enivre, le désir d'adolescent et de poète qui s'échauffe et s'échappe en jets de flamme. Mais quand un amour, amour tout sensuel, né d'un regard, aura répondu au sien, il aimera d'une passion unique, exclusive, qui dévore tout, et qui fait qu'autour de lui, le monde matériel et le monde moral disparaissent. — Cela est-il beau? Je ne sais;

mais cela est vrai, vivant d'une réalité presque
effrayante, et profonde à étonner.

Juliette n'est pas moins vraie. Plus jeune que
Roméo, c'est une enfant ignorante, mal élevée, l'esprit hanté de chimères et de contes de nourrice,
qui croit aux revenants et aux cris des mandragores
déracinées. En cette jeune tête vide, rien n'a contenu le frémissement inquiet des rêves de l'adolescence oisive. Dès qu'un regard ardent a rencontré
le sien, que des lèvres brûlantes ont touché les
siennes, ces rêves deviennent désirs éperdus, et l'enfant qui ne connaît plus le sommeil confie son cher
secret aux clartés molles, aux brises languissantes
des nuits d'été.

Et quand elle se sait aimée, comme elle aime!
C'est ici que nous saisissons le caractère original
de cette tragédie anglaise. Ici la passion n'est
subordonnée à rien, limitée par rien. Elle éclate
en toute sa fougue et « *parle toute pure* ». Roméo
a tué Tybalt. A cette nouvelle, Juliette un instant
hésite; Tybalt est son ami d'enfance, son parent, le
compagnon de ses jeux d'hier. Un mot de blâme
échappe à la jeune femme contre son mari. Ne
croyez pas que c'est une lutte qui commence dans
son cœur. Ce mot lâché ne semble être là que pour
amener une explosion de tendresse, ardente presque

jusqu'au délire, à l'égard du meurtrier toujours chéri. La passion s'échappe débordante, recouvrant et étouffant tout autre sentiment si sacré qu'il soit : « *Honte à Roméo! — Que ta langue se couvre d'ampoules après un pareil souhait! Il n'est pas né pour la honte lui. La honte serait honteuse de siéger sur son front... Oh! quel monstre j'étais de l'outrager ainsi... Roméo est banni; ce seul mot banni a tué pour moi dix mille Tybalt. Que Tybalt mourût, c'était un malheur suffisant. Si même le malheur inexorable ne se plaît qu'en compagnie, pourquoi après avoir dit : « Tybalt est mort », n'a-t-elle pas ajouté : « Ton père est mort », ou : « Ta mère est morte », ou même : « Ton père et ta mère sont morts ». Cela m'aurait causé de tolérables angoisses...* » — Nous ne pouvons guère nous habituer, en France, à cette nudité de la passion, à cette naïveté cruelle d'un sentiment tyran unique de l'âme, à ce cynisme inconscient de l'amour. Nous avons besoin de réfléchir pour reconnaître que ces choses sont d'une vérité profonde, terrible, partant tragique, et pour songer que la tragédie anglaise, en sa recherche passionnée du réel, n'en demande pas plus et ne demande pas moins.

VIII

C'est reposer son esprit et ses nerfs que passer des caractères tracés par Shakespeare aux caractères tracés par Corneille. Ici les caractères, certes, sont bien vivants encore, mais c'est trop dire, et risquer d'être embarrassé pour le prouver que de prétendre que leur plus grand mérite est la ressemblance avec la vie [1]. On sent très distinctement ici que l'auteur n'a pas eu pour son plus grand souci de peindre, et que comme le poète grec subordonnait la peinture de ses caractères à la loi du beau, de même le poète français subordonne la peinture de ses caractères aux lois de la raison, sous les trois formes que nous avons indiquées : raison logique, raison oratoire, raison pratique.

Raison logique, ceci est pour l'intrigue bien nouée, l'action bien conduite. Tout en peignant

---

[1]. Voir Nisard, *Histoire de la littérature française*, article Corneille.

notre auteur ne perd jamais de vue la suite rigoureuse de l'action. Ses caractères, il ne l'oublie jamais, sont des forces agissantes. Ils doivent n'être montrés qu'autant qu'ils servent à l'action, et rien ne doit être peint qui n'ait son effet direct sur la suite des événements. Au delà commence la peinture pour la peinture. Ce n'est point pour peindre que nous peignons. L'étude du caractère, le caractère lui-même n'est pour nous qu'un moyen. Tout moyen pèche contre la logique, qui est trop grand pour le but.

Aussi, là même où l'auteur semble s'éloigner du but, voyez de plus près : il y va encore. Il y a des parties lyriques dans le rôle de Rodrigue. Ne croyez pas que ces stances soient une effusion de passion qui s'échappe hors des limites sévères de l'intrigue. C'est ici même que l'action est plus forte, plus vive, plus rapide que partout ailleurs. C'est le combat des forces en présence qui nous est montré en toute son ardeur, dans ce morceau où nous pouvions craindre, ou espérer, ou attendre une digression; ce monologue lyrique n'est rien autre qu'une scène dramatique véhémente, et la lutte est plus forte dans le « *Percé jusques au fond du cœur* » que dans le « *A moi, comte, deux mots...* ».

Suivez dans tout leur développement les deux

rôles de Chimène et de Rodrigue, je serais étonné qu'on y trouvât un mot qui ne se rapportât directement à leur situation respective, c'est-à-dire à l'action. Que Chimène parle seule, que Rodrigue parle seul, qu'ils se parlent l'un à l'autre, toujours une seule idée, le devoir opposé à l'amour, la lutte entre l'honneur qui les sépare, la passion qui les rapproche, l'idée du drame, l'idée qui fait l'action; et au delà il n'y a rien, et nous ne saurons rien d'eux autre que cela.

Vous demandez-vous quel est le tempérament de Rodrigue, s'il est mélancolique ou spirituel, grave ou léger, méditatif ou enthousiaste, philosophe ou poète; que vous importe puisqu'il n'importe point à l'action? Pour l'action, il est nécessaire qu'il soit plein d'honneur et plein d'amour. Il sera cela et rien de plus. — Saurons-nous s'il a un ami qu'il aime, une maîtresse qu'il a désirée avant Chimène, comme nous le savons de Roméo ? — Irai-je plus loin? Savons-nous vraiment s'il aime son père et comment il l'aime? Il se sacrifie pour lui, je le sais bien; mais il semble que c'est l'honneur seul qui le pousse au sacrifice, et certainement, c'est de son honneur seul qu'il nous entretient : « *Mourir sans tirer* MA *raison; rechercher un trépas si mortel à* MA *gloire, endurer que l'Espagne impute à* MA *mémoire d'avoir mal soutenu l'honneur de* MA *maison!* » — Remarque-t-on que Corneille évite presque les scènes entre le père et le fils, et que, quand il les met en présence, il n'est question entre eux, en vers sublimes, que d'honneur; que Rodrigue n'a pas un mot touchant d'amour tendre et profond pour ce père illustre et sacré? C'est que ce n'est pas là le sujet. Il semble que Rodrigue ne voie dans son père que son nom. C'est qu'il suffit pour le sujet. C'est le sujet, dans nos pièces, qui trace à sa mesure l'étendue des caractères, et le caractère se réduit aux proportions du rôle.

Ces réflexions sont plus vraies encore de Chimène. On pourrait dire à la rigueur que le caractère de Rodrigue dépasse par quelque endroit la limite de son rôle. Le combat contre les Maures est tout à fait dans l'action, il en est un des ressorts; mais le long récit que Rodrigue fait de cette victoire sort un peu des strictes limites de l'intrigue. Il suffisait pour l'action qu'on sût que Rodrigue avait sauvé l'État. Dieu merci, Corneille n'a pas résisté à donner à l'art ce que l'action n'exigeait pas absolument. Mais pour Chimène, la peinture du caractère ne va jamais d'un trait plus loin que ne le veulent les nécessités du rôle. Rappelez-vous les héroïnes de Shakespeare : comme on les connaît tout entières, et comme, pour les bien connaître, on les distingue bien les unes des autres! Chacune a sa complexion propre, marquée en traits d'une force et d'une profondeur telles qu'on ne saurait ni les oublier ni les confondre. Le caractère de Chimène est celui qu'exigent et tracent les nécessités de l'action. Passé cela, elle n'a rien qui la distingue d'une Émilie ou d'une Sabine

Son caractère c'est sa situation. Comme Rodrigue elle est pleine d'honneur et pleine d'amour, nous n'en saurons pas sur elle davantage, parce que la situation n'en demande pas plus. Et jamais, dans tous ses discours, rien n'aura trait à autre chose qu'à son honneur et à son amour. L'idée unique de tous ses propos sera l'idée de la lutte fatale entre ces deux sentiments, ou, pour mieux dire, elle n'est tout entière rien autre chose que cette idée, présentée sous divers aspects, au cours des péripéties de l'action. L'art, merveilleux, est précisément d'avoir tiré de cette idée seule un des drames les plus émouvants qui soient au monde.

Il ne faut point s'étonner qu'un drame ainsi conçu soit émouvant. Nous n'avons nul besoin de la complexité, richesse et variété des caractères pour être émus. Il suffit que les personnages soient vrais, soient sympathiques et soient en péril.

Je veux dire toute ma pensée : j'irai jusqu'à croire (peut-être parce que je suis Français) qu'un drame composé avec des caractères de ce genre a plus de chances d'émouvoir que les drames anglais ou les drames grecs. En présence, et de ces caractères complexes de la tragédie anglaise, et de ces beaux ensembles esthétiques de la tragédie grecque où l'action ne tient qu'une place, le plaisir que nous éprouvons est un plaisir d'observateurs, de *connaisseurs*, comme dit très justement Voltaire à propos de *Britannicus*; en présence de ces caractères français qui ne sont presque que l'expression d'une situation, pourvu que nous soyons fortement saisis par cette situation, nous éprouvons un plaisir personnel, intime, un plaisir d'acteurs, tant nous nous mêlons facilement à l'action, la comprenant et l'embrassant aisément. Si l'on me pardonne d'employer la terminologie allemande, dont je rougis d'user, je dirai qu'il y a quelque chose d'objectif dans l'œuvre anglaise. L'auteur voit passer devant lui ses personnages, très vivants, très personnels, distincts de lui, il les contemple et il les peint. L'auteur français, à l'ordinaire, ne sort pas de lui-même, de sa pensée; c'est à une idée de lui qu'il donne un nom pour en faire un personnage. La conséquence est que nous aussi, spectateurs, en face de l'œuvre anglaise nous contemplons, nous examinons, nous approuvons, nous admirons, plaisir de connaisseurs : l'œuvre est *objective*. En présence de l'œuvre française, comme l'auteur ne s'est point complètement détaché de ses personnages, tout de même nous, spectateurs, faisant nôtre la pensée de l'auteur, nous nous identifions très bien aux personnages, nous partageons leurs sentiments, nous espérons et craignons avec eux, nous vivons en eux, ce qui est proprement l'émotion; plaisir d'acteurs : l'œuvre a pour nous quelque chose de *subjectif*.

J'estime qu'on pourrait dire que plus une œuvre est riche en peintures complètes et profondes de caractères (*Hamlet*, *Roi Lear*, *Misanthrope*); plus elle est belle pour l'observateur, étant inépuisable, et jugée froide par celui qui vient pour être ému, étant difficilement accessible, ne touchant pas d'un premier et d'un plein contact.

Quant à savoir, des deux genres de plaisir que nous venons d'indiquer, quel est celui auquel il faut donner le premier rang, il me semble que ce n'est pas ce que j'ai à décider.

La raison logique veut que les caractères soient subordonnés à l'action, notre goût de raison oratoire veut que les personnages s'expriment en gens qui discutent et qui plaident, et qu'ils portent la dialectique dans la passion. Roméo et Juliette parlent en poètes et Voltaire ne manquerait pas de dire qu'ils « *deviennent poètes mal à propos* ». Est-il plus à propos de devenir avocats comme font Chimène et Rodrigue? Je ne sais, mais je sais bien que c'est là le tour de leur esprit.

Rodrigue est très suivi, très méthodique jusque dans l'expression de son désespoir, et son monologue lyrique du premier acte est un très bon discours, bien conduit, en trois points. — Quand Chimène et Rodrigue sont en présence, ils sont aux prises comme deux orateurs très habiles, très méthodiques, très subtils aussi et très retors. A côté de cris magnifiques de passion qui s'échappe, il est tel passage où l'on peut s'étonner que ces deux jeunes gens, si émus l'un en présence de l'autre, se possèdent jusqu'à mettre en forme des arguments qui ne laissent pas quelquefois d'être des sophismes :

CHIMÈNE.

Tu t'es, en m'offensant, montré digne de moi,
Je me dois, par ta mort, montrer digne de toi...

RODRIGUE.

De quoi qu'en ma faveur notre amour l'entretienne,
Ta générosité doit répondre à la mienne;
Et pour venger un père emprunter d'autres bras,
Ma Chimène, crois-moi, c'est n'y répondre pas :
Ma main seule du mien a su venger l'offense,
Ta main seule du tien doit prendre la vengeance.

Comme ils raisonnent juste et serré! Ils sont émus, et ils poussent ainsi le syllogisme, et ils opposent ainsi symétriquement raisons à raisons ; et nous, qui ne sommes pas émus, il nous faut un bon effort de logique pour les bien comprendre! Voyez encore l'ordre méthodique, la suite parfaite du raisonnement dans ce discours de Chimène, où, notez-le bien, elle exprime une idée qui n'est pas la vraie, qui n'est qu'un prétexte pour ne pas dire ce que réellement elle pense.

(Transition) :

> Si d'un triste devoir la juste violence,
> Qui me fait malgré moi poursuivre ta vaillance,
> Prescrit à ton amour une si forte loi,
> Qu'il te rend sans défense à qui combat pour moi ;

(Proposition) :

> En cet aveuglement ne perds pas la mémoire
> Qu'ainsi que de ta vie il y va de ta gloire,
> Et que, dans quelque état que Rodrigue ait vécu,
> Quand on le saura mort, on le croira vaincu.

(Confirmation) :

> Ton honneur t'est plus cher que je ne te suis chère,
> Puisqu'il trempe les mains dans le sang de mon père,
> Et te fait renoncer, malgré ta passion,
> A l'espoir le plus doux de ma possession :
> Je t'en vois cependant faire si peu de compte,
> Que sans rendre combat tu veux qu'on te surmonte.

(Deuxième confirmation ; même preuve avec mouvement pathétique).

> Quelle inégalité ravale ta vertu?
> Pourquoi ne l'as-tu plus? ou pourquoi l'avais-tu?
> Quoi! n'es-tu généreux que pour me faire outrage?
> S'il ne faut m'offenser n'as-tu plus de courage?
> Et traites-tu mon père avec tant de rigueur,
> Qu'après l'avoir vaincu tu souffres un vainqueur?

(Conclusion) :

> Va, sans vouloir mourir, laisse-moi te poursuivre,
> Et défends ton honneur, si tu ne veux plus vivre.

Est-il avocat plus expert, disposant mieux ses preuves et amenant plus juste sa conclusion? Narcisse, qui est de sang-froid, et rhéteur de profession, ne serre pas d'une trame plus solide les raisonnements captieux où il veut prendre l'âme de Néron.

Nous avons relevé cette parole effrayante de Juliette qui souhaiterait que son père fût mort « et aussi sa mère », pourvu que Roméo lui restât. Ce cri de passion farouche, en sa crudité, nous a froissés. Ce n'est pas Chimène qui dira chose pareille.... Si vraiment, elle le dira, et ne nous choquera point, à cause de sa manière de le dire : c'est que l'éloquence, si elle refroidit certains sentiments, en leur donnant une forme didactique, en fait passer certains autres, en leur donnant une forme adoucie; et Chimène, ayant la même pensée que Juliette, dit ces six vers, tendres et charmants comme une de ces stances élégiaques qui se glissent dans les tirades de Racine :

> Si quelque autre malheur m'avait ravi mon père,
> Mon âme aurait trouvé dans le bien de te voir,
> L'unique allègement qu'elle eût pu recevoir,
> Et contre ma douleur j'aurais senti des charmes
> Quand une main si chère eût essuyé mes larmes.
> Mais il me faut te perdre après l'avoir perdu.

Ils ne sont pas seulement orateurs, ils sont moralistes, et se possèdent assez non seulement pour discuter avec subtilité, mais pour s'examiner eux-mêmes et s'analyser avec pénétration. Ce n'est pas par des mouvements passionnés et contradictoires que Rodrigue nous montrera, sans y penser, l'état de son âme déchirée, jouet de forces contraires. Il y pense fort bien, au contraire, et se décrit à nous, finement, précisément, comme La Bruyère décrirait un de ses Pamphiles ou de ses Orontes.

> Contre mon propre amour mon honneur s'intéresse :
> Il faut venger un père ou perdre une maîtresse,
> L'un anime le cœur, l'autre retient mon bras.
> Réduit au triste choix ou de trahir ma flamme
>   Ou de vivre en infâme,
> Des deux côtés mon mal est infini.
>   O Dieu, l'étrange peine!
> Faut-il laisser un affront impuni?
> Faut-il punir le père de Chimène?

Chimène fait de même avec plus de subtilité encore :

> La moitié de ma vie a mis l'autre au tombeau
> Et m'oblige à venger, après ce coup funeste,
> Celle que je n'ai plus sur celle qui me reste.
> . . . .
> Rodrigue dans mon cœur combat encor mon père.
> Il l'attaque, il le presse, il cède, il se défend,
> Tantôt fort, tantôt faible et tantôt triomphant;
> Mais en ce dur combat de colère et de flamme,
> Il déchire mon cœur sans partager mon âme :
> Et, quoi que mon amour ait sur moi de pouvoir,
> Je ne consulte point pour suivre mon devoir,
> Je cours sans balancer où mon amour m'oblige.

Ne voit-on pas que c'est ici l'auteur qui parle; l'auteur qui précise sa pensée, et non le personnage qui la laisserait échapper toute mêlée de passion ardente, et qui peut-être serait trop ému pour la démêler; l'auteur, moraliste exact, qui fait patiemment l'analyse de sa propre idée.

Il faut ajouter moraliste didactique. Notre goût de raison pratique veut que l'auteur non seulement analyse froidement ses personnages, en empruntant leur voix, mais encore que, par leur entremise, il nous enseigne la vérité morale. De là toutes ces maximes si fortes, si élevées, exprimées en une forme si propre à les graver, impérieuses et imposantes :

> . . . . Le fils dégénère
> Qui survit un moment à l'honneur de son père.
> . . . .

> . . . De quoi que nous flatte un désir amoureux,
> Toute excuse est honteuse aux esprits généreux.
> . . . .
> Nous n'avons qu'un honneur, il est tant de maîtresses !
> L'amour n'est qu'un plaisir, l'honneur est un devoir.
> . . . .

et tant d'autres. Oui, c'est l'auteur qui parle ici, mais nous aimons précisément qu'il parle pour nous instruire et nous dresser au bien. Nous l'applaudissons de créer des personnages qui enseignent le vrai et le beau, n'eussent-ils point d'autre rôle, plus encore quand cet enseignement sublime est naturellement placé dans leur bouche.

Car, lorsque nos auteurs sont grands, cette raison pratique, ils ne la font pas sortir de la bouche seulement de leurs personnages, mais de tout l'ensemble du drame, et le drame alors est moral non seulement comme une belle leçon, mais encore comme un grand exemple. C'est le cas du *Cid*. L'impression générale est saine, fortifiante, rend meilleur. La préoccupation constante de l'auteur français, plus que du chorège grec, bien plus que du poète anglais, a été d'élever son âme, et la nôtre avec la sienne, par une sublime conversation avec d'honnêtes gens sortis de son imagination.

Certes, il y a de très grandes leçons dans *Antigone*

et d'une bien vénérable hardiesse, eu égard au temps ; mais encore l'impression générale est plutôt d'une terreur plaintive en présence des coups répétés de la redoutable fatalité qui pèse sur la famille d'Œdipe.

Certes, on peut trouver dans *Roméo et Juliette* une touchante moralité : le sacrifice de deux enfants sur l'autel de la discorde domestique aboutissant à l'apaiser et à l'éteindre ; mais encore ce qu'on rapporte de ce drame, c'est surtout je ne sais quelle pitié douloureuse, parce qu'elle n'est pas sans se mêler de quelque blâme, pour ces deux êtres charmants, mais sans beauté morale, et qu'on appellerait de nos jours des inconscients.

Ce qui reste du *Cid*, l'intérêt de curiosité épuisé, le charme oratoire oublié, c'est un sentiment d'estime pour l'humanité, une certaine confiance inaccoutumée dans les facultés élevées de notre nature, et, comme dirait Vauvenargues, le goût des « passions nobles ». On sent très bien que ce qu'a voulu l'auteur, c'est nous entraîner à sa suite dans un monde plus beau que le nôtre, habité par des hommes meilleurs, pour nous laisser dans l'âme une admiration féconde et un salutaire désir d'émulation.

Il y a quelque chose de cette préoccupation

morale non seulement dans l'esprit général du drame, mais dans la composition même. Antigone et Hémon périssent, Juliette et Roméo périssent, Rodrigue et Chimène se marieront. Grecs et Anglais sont plus soucieux de réalité et curieux de terreur tragique que nous ne le sommes; nous sommes plus préoccupés qu'ils ne le sont de moralité. C'est le train ordinaire des choses que ceux qui s'aiment, séparés par les lois, convenances, préjugés sociaux ou domestiques, succombent dans cette lutte inégale, meurent, ou s'épuisent d'une lente agonie morale pire que la mort. C'est la réalité, et c'est un grand objet de pitié douloureuse. Mais c'est donner là une idée désolante de la manière dont est réglé ce monde. La moralité veut que ceux qui sont dignes d'être heureux, que ceux qui sont capables de sacrifier leur amour à leur devoir, soient récompensés d'avoir suivi le devoir par jouir de leur amour; elle veut même que ceux qui s'aiment légitimement soient époux en dépit des querelles de famille. C'est de ce côté que penche Corneille qui est naturellement pitoyable dans ses dénouements. Il n'aime point pousser à bout la misère humaine. Il veut que les honnêtes gens soient relativement heureux en fin de compte. C'est que cela, encore que moins déchirant, est plus moral, plus consolateur, plus encourageant au bien, et l'on voit ici, en son origine, ce penchant de notre théâtre à punir le vice et à récompenser la vertu, ce qui n'est point si déraisonnable, à tout prendre.

IX

Telle je me figure la tragédie française, œuvre ingénieuse et forte d'un peuple plus sensé que passionné, plus épris de logique que d'imagination, qui compose plus qu'il n'invente, chez qui souvent les sentiments sont des idées, mais qui enchaîne en un ordre parfait des idées justes ; — qui, de plus, a un vif souci de l'application pratique de ses idées générales, qui de toutes ses pensées tend à l'acte, très curieux par conséquent d'action dramatique en même temps que de moralité, et voulant sur son théâtre de grandes actions qui soient de grands exemples ; — du peuple enfin, pour essayer de tout dire d'un mot, qui entre tous, au théâtre comme ailleurs, a mis le plus de raison dans l'art.

On voit donc quelle distance sépare la tragédie française de la tragédie grecque dont elle vient. Quand on songe qu'à son origine la tragédie française n'a prétendu qu'à copier la tragédie grecque dont elle devait s'éloigner si fort, on comprend d'avance combien long a dû être l'enfantement de notre drame national, et combien pénible la transition de ce qu'il prétendait être d'abord à ce qu'il devait être en définitive

TABLE DES MATIÈRES

Avant-propos. — De la nature de l'émotion dramatique.. 1
Chapitre I. — La tragédie et l'esprit classique français.. 27
— II. — Le théâtre et les arts.................... 53
— III. — Le drame grec........................ 87
— IV. — Le drame moderne.................... 121
— V. — La tragédie française................... 141
— VI. — Les trois systèmes..................... 217

Impr d'Ouvriers Sourds-Muets, Paris.